1 MONTH OF
FREE
READING

at
www.ForgottenBooks.com

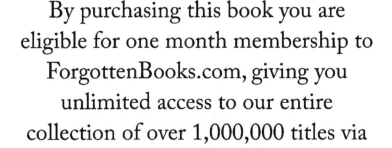

By purchasing this book you are eligible for one month membership to ForgottenBooks.com, giving you unlimited access to our entire collection of over 1,000,000 titles via our web site and mobile apps.

To claim your free month visit: www.forgottenbooks.com/free1002343

ISBN 978-0-364-31720-4
PIBN 11002343

Gottfried Keller's

Gesammelte Werke.

❦

Neunter Band.

Berlin.

Verlag von Wilhelm Hertz.

(Besser'sche Buchhandlung.)

1892.

GOTTFRIED KELLER
1889

Gesammelte Gedichte

Gottfried Keller

Erster Band.

Berlin
Verlag von …

Gesammelte Gedichte

von

Gottfried Keller.

❀

Erster Band.

Achte Auflage.

Berlin.

Verlag von Wilhelm Hertz.

(Besser'sche Buchhandlung.)

1892.

Buchdruckerei von Gustav Schade (Otto Francke) in Berlin N.

Inhaltsverzeichnis.

Buch der Natur.

Erstes Lieben.

Sonette.

Lebendig begraben.

Feuer-Idylle.

Rhein- und Nachbarlieder.

Sonnwende und Gutsagen.

Pandora. (Antipanegyrisches.)

I.

Buch der Natur.

Spielmannslied.

———

Im Frührot stand der Morgenstern
Vor einem hellen Frühlingstag,
Als ich, ein flüchtig Schülerkind,
Im silbergrauen Felde lag;
Die Wimper schwankte falterhaft,
Und ich entschlief an Ackers Rand,
Der Sämann kam gemach daher
Und streute Körner aus der Hand.

Gleich einem Fächer warf er weit
Den Samen hin im halben Rund,
Ein kleines Trüppchen fiel auf mich
Und traf mir Augen, Stirn und Mund;
Erwachend rafft' ich mich empor
Und stand wie ein verblüffter Held,
Vorschreitend sprach der Bauersmann:
Was bist du für ein Ackerfeld?

Bist du der steinig harte Grund,
Darauf kein Sämlein wurzeln kann?
Bist du ein schlechtes Dorngebüsch,
Das keine Halme läßt hinan?
Du bist wohl der gemeine Weg,
Der wilden Vögel offner Tisch!
Bist du nicht dies und bist nicht das,
Am End' nicht Vogel und nicht Fisch?

Unfreundlich schien mir der Gesell
Und drohend seiner Worte Sinn;
Ich ging ihm aus den Augen sacht
Und floh behend zur Schule hin.
Dort gab der Pfarr den Unterricht
Im Bibelbuch zur frühen Stund';
Von Jesu Gleichnis eben sprach
Erklärend sein beredter Mund. —

Die Jahre schwanden und ich zog
Als Zitherspieler durch das Land,
Als ich in einer stillen Nacht
Die alte Fabel wieder fand
Vom Sämann, der den Samen warf;
Da ward mir ein Erinnern licht,
Ich spürte jenen Körnerwurf
Wie Geisterhand im Angesicht.

Was bist du für ein Ackerfeld?
Hört' wieder ich, als wär's ein Traum;
Ich seufzte, sann und sagte dann:
O Mann, ich weiß es selber kaum!
Ich bin kein Dornbusch und kein Stein
Und auch kein fetter Weizengrund;
Ich glaub', ich bin der offne Weg,
Wo's rauscht und fliegt zu jeder Stund'.

Da wächst kein Gras, gedeiht kein Korn,
Statt Furchen zieh'n Geleise hin
Von harten Rädern ausgehöhlt,
Und nackte Füße wandern drin;
Das kommt und geht, doch fällt einmal
Ein irrend Samenkörnlein drauf,
So fliegt ein hungrig Vöglein her
Und schwingt sich mit zum Himmel auf.

Am Himmelfahrtstage 1846.

Mit den ersten Gedichten.

———

Ausgestorben scheint die Stadt,
Weil, was sich des Lebens freut
Und den Bund mit ihm erneut,
Sich hinaus begeben hat
Auf die Hügel, auf die Berge,
Angefüllt wird jedes Thal,
Rühren wird sich Wirt und Ferge
In dem warmen Maienstrahl.

Von dem höchsten Giebel schau'
Ich hinaus, o welch' Gewimmel!
Ja, die Erde trägt gen Himmel
Menschenherz und grüne Au!
Und wie ferne Kirchenfahnen,
Flattert's von der Burg Geländern
Bunt von seidnen Lenzgewändern
Unter grünenden Platanen.

Einsam wehen hier die Linden
Dieser Stadt um stille Dächer —
Ach, wie einen leeren Becher
Muß ich die verlass'ne finden,
Einen Becher, dessen Schein
Wird gefloh'n von jedem Munde,
Und auf dessen dunklem Grunde
Ich der letzte Tropfen Wein!

In die kühle Dämmernacht
Meines Hauses steig' ich nieder,
Wo mir meine jungen Lieder
Schlummern, bis ihr Tag erwacht;
Wo ein Strauß von Fliederzweigen
Drüber nickt mit stillem Reigen,
Mit erwartungsvollem Schweigen
Wilde Röschen halten Wacht.

Nun in tiefer Einsamkeit
Schreib' ich, eh' für immer schied
Mir die lange Morgenzeit,
Meiner Jugend letztes Lied;
Und der Hoffnung sei's geweiht!
Was ich hoffe, hofft die Welt;
Ist sie nur zur Fahrt bereit,
Wird sie selbst ihr Himmelszelt!

Thu' dich auf, o schöner Schrein,
Lasse deine Schätze funkeln!
Laß sie, blitzend hell, verdunkeln
Der Martyrer blaß Gebein! —
Weihrauch sind die Frühlingsdüfte,
Und auch du, mein Schwalbenzug,
Flattre, leichter Liederflug,
Aufwärts in die freien Lüfte!

Stille der Nacht.

Willkommen, klare Sommernacht,
Die auf betauten Fluren liegt!
Gegrüßt mir, goldne Sternenpracht,
Die spielend sich im Weltraum wiegt!

Das Urgebirge um mich her
Ist schweigend, wie mein Nachtgebet;
Weit hinter ihm hör' ich das Meer
Im Geist und wie die Brandung geht.

Ich höre einen Flötenton,
Den mir die Luft von Westen bringt,
Indeß herauf im Osten schon
Des Tages leise Ahnung bringt.

Ich sinne, wo in weiter Welt
Jetzt sterben mag ein Menschenkind —
Und ob vielleicht den Einzug hält
Das viel ersehnte Heldenkind.

Doch wie im dunklen Erdenthal
Ein unergründlich Schweigen ruht,
Ich fühle mich so leicht zumal
Und wie die Welt so still und gut.

Der letzte leise Schmerz und Spott
Verschwindet aus des Herzens Grund;
Es ist, als thät' der alte Gott
Mir endlich seinen Namen kund.

———

Unruhe der Nacht.

Nun bin ich untreu worden
Der Sonn' und ihrem Schein;
Die Nacht, die Nacht soll Dame
Nun meines Herzens sein!

Sie ist von düst'rer Schönheit,
Hat bleiches Nornengesicht,
Und eine Sternenkrone
Ihr dunkles Haupt umflicht.

Heut ist sie so beklommen,
Unruhig und voller Pein;
Sie denkt wohl an ihre Jugend —
Das muß ein Gedächtnis sein!

Es weht durch alle Thäler
Ein Stöhnen, so klagend und bang;
Wie Thränenbäche fließen
Die Quellen vom Bergeshang.

Die schwarzen Fichten sausen
Und wiegen sich her und hin,
Und über die wilde Haide
Verlorene Lichter flieh'n.

Dem Himmel bringt ein Ständchen
Das dumpf aufrauschende Meer,
Und über mir zieht ein Gewitter
Mit klingendem Spiele daher.

Es will vielleicht betäuben
Die Nacht den uralten Schmerz?
Und an noch ältere Sünden
Denkt wohl ihr reuiges Herz?

Ich möchte mit ihr plaudern,
Wie man mit dem Liebchen spricht —
Umsonst, in ihrem Grame
Sie sieht und hört mich nicht!

Ich möchte sie gern befragen
Und werde doch immer gestört,
Ob sie vor meiner Geburt schon
Wo meinen Namen gehört?

Sie ist eine alte Sibylle
Und kennt sich selber kaum;
Sie und der Tod und wir Alle
Sind Träume von einem Traum.

Ich will mich schlafen legen,
Der Morgenwind schon zieht —
Ihr Trauerweiden am Kirchhof,
Summt mir mein Schlummerlied!

Unter Sternen.

Wende dich, du kleiner Stern,
Erde! wo ich lebe,
Daß mein Aug', der Sonne fern,
Sternenwärts sich hebe!

Heilig ist die Sternenzeit,
Oeffnet alle Grüfte;
Strahlende Unsterblichkeit
Wandelt durch die Lüfte.

Mag die Sonne nun bislang
Andern Zonen scheinen,
Hier fühl' ich Zusammenhang
Mit dem All' und Einen!

Hohe Luft, im dunklen Thal,
Selber ungesehen,
Durch den mäjestät'schen Saal
Atmend mitzugehen!

Schwinge dich, o grünes Rund,
In die Morgenröte!
Scheidend rückwärts singt mein Mund
Jubelnde Gebete!

Drei Ständchen.

I.

Vor einem Luftschlosse.

Schöne Bürgerin, sieh, der Mai
Flutet um deine Fenster!
Alle Seelen sind nun frei
Und es zerfließen der Tyrannei
Grämliche Gespenster!

In die Tiefe tauche kühn,
Ewige Jugend zu werden,
Wo die Bäume des Lebens blühn
Und die Augen wie Sterne glühn,
Droben bei dir ist Sterben!

Löse der Krone güldenen Glanz
Aus den Lockenringen!
Wirf sie herab! in klingendem Tanz
Einen duftigen Rosenkranz
Wollen wir froh bir schlingen!

Fühle, du Engel, dies heilige Wehn,
Das allmächtige Treiben!
Ja, dein Himmel wird untergehn
Und ein schönerer auferstehn —
Willst du ein Engel bleiben?

Nicht wie Luna in schweigender Nacht
Küßte den träumenden Schläfer;
Komm', wenn der sonnige Tag uns lacht,
Daß das alte Lied erwacht:
Königstochter und Schäfer!

II.

Einer Verlassenen.

Wir haben deinen tiefen Gram vernommen
Und sind in deinen Garten still gekommen,
Wir stimmen unsere Saiten mit Bedacht,
Erwartend lauscht die lane Maiennacht.

Zu deines Ungetreuen Reu' und Leide,
Zu deiner Nachbarinnen bitterm Neide,
Zu deiner Mutter Stolz und stiller Lust,
So wollen singen wir aus voller Brust!

Zünd' an dein Licht, daß unser Lied dich ehre
Und vor dem Sternenzelt dein Leid verkläre!
Noch giebt's manch' Auge, das in Trenen blitzt,
Manch' Herz, das noch an rechter Stelle sitzt!

Wohl selig sind, die in der Liebe leiden,
Und ihrer Augen teure Perlen kleiden
Die weißen Wangen mehr, als Morgentau
Die Lilienkelche auf der Sommerau.

Die Liebe, die um Liebe ward betrogen,
Glänzt hoch und herrlich gleich dem Regenbogen;
Zu seinen Füßen, die in Blumen stehn,
Da liegen goldne Schüsseln ungesehn.

III.

Schifferliedchen.

Schon hat die Nacht den Silberschrein
Des Himmels aufgethan;
Nun spült der See den Widerschein
Zu dir, zu dir hinan!

Und in dem Glanze schaukelt sich
Ein leichter dunkler Kahn;
Der aber trägt und schaukelt mich
Zu dir, zu dir hinan!

Ich höre schon den Brunnen gehn
Dem Pförtlein nebenan,
Und dieses hat ein gütig Wehn
Von Osten aufgethan.

Das Sternlein schießt, vom Baume fällt
Das Bluſt in meinen Kahn;
Nach Liebe dürstet alle Welt,
Nun, Schifflein, leg' dich an!

Nachtfalter.

Ermattet von des Tages Not und Pein,
Die nur auf Wiederſehen von mir ſchied,
Saß ich und ſchrieb bei einer Kerze Schein,
Und ſchrieb ein wild und gottverleugnend Lied.
Doch draußen lag die klare Sommernacht,
Mild grüßt mein armes Licht der Mondenſtrahl,
Und aller Sterne volle goldne Pracht
Schaut hoch herab auf mich vom blauen Saal.
Am offnen Fenſter blühen dunkle Nelken
Vielleicht die letzte Nacht vor ihrem Welken.

Und wie ich ſchreib’ an meinem Höllenpſalter,
Die ſüße Nacht im Zorne von mir weiſend,
Da ſchwebt herein zu mir ein grauer Falter,
Mit blinder Haſt der Kerze Docht umkreiſend;
Wohl wie ſein Schickſal flackerte das Licht,
Dann züngelt’ ſeine Flamme ſtill empor
Und zog wie mit magnetiſchem Gewicht
Den leichten Vogel in ſein Todesthor.

Ich ſchaute lang und in beklommner Ruh,
Mit wunderlich neugierigen Gedanken
Des Falters unheilvollem Treiben zu.
Doch als zu nah der Flamme ſchon faſt ſanken
Die Flügel, faßt’ ich ihn mit ſchneller Hand,
Zu ſeiner Rettung innerlich gezwungen,
Und trug ihn weg. Hinaus ins dunkle Land
Hat er auf raſchem Fittig ſich geſchwungen.

Ich aber hemmte meines Liedes Lauf
Und hob den Anfang bis auf Weitres auf.

Nachtfahrer.

Es wiegt die Nacht mit himmelweiten Schwingen
Sich auf der Südsee blauen Wassergärten,
Daraus zurück wie Silberlilien springen
Die Sterne, die in tiefer Flut verklärten.

Wie ein entschlummert Kind an Mutterbrüsten
Ruht eine Insel selig in den Wogen,
So weich und weiß ist um die grünen Küsten
Die Brandung rings, ein Mutterarm, gezogen.

Ich wollt', es wär' mein Herz so dicht umflossen
Von einem Meer der Ruhe und der Klarheit,
Und drüberhin ein Himmel ausgegossen,
Deß einz'ges Licht das Sonnenlicht der Wahrheit.

Und schöne Menschen schlafen in den Büschen,
Wie Bildwerk in ein Blumentuch gewoben;
Was ein erstorbnes Auge kann erfrischen,
Das hat ein Gott hier sorglich aufgehoben. —

Ein Blitz — ein Krach! — die stille Luft erzittert,
Dicht wälzt ein Rauch sich auf gekräus'tem Spiegel —
Ein Wasserdrache, der den Raub gewittert,
So naht es pfeilschnell mit gespreiztem Flügel!

Wach auf, wach auf, du stiller Menschengarten!
Gib deine Blüte hin für Glaskorallen!
Sieh, deines unschuldvollen Fleisches warten,
Du sanftes Volk, Europas scharfe Krallen!

Die Anker rasseln und die Segel sinken,
Wie schneidend schallt das Wort der fremden Ferne!
Viel hundert Bleichgesichter lüstern blinken
Im fahlen Schein der trüben Schiffslaterne.

Zuvorderst aus des Schiffes schwarzen Wänden
Ragt schwärzer in der giererfüllten Rotte
Der Christenpriester, schwingend in den Händen
Das Marterholz mit dem gequälten Gotte.

Sommernacht.

Es wallt das Korn weit in die Runde
Und wie ein Meer dehnt es sich aus;
Doch liegt auf seinem stillen Grunde
Nicht Seegewürm noch andrer Graus;
Da träumen Blumen nur von Kränzen
Und trinken der Gestirne Schein,
O goldnes Meer, dein friedlich Glänzen
Saugt meine Seele gierig ein!

In meiner Heimat grünen Thalen,
Da herrscht ein alter schöner Brauch:
Wann hell die Sommersterne strahlen,
Der Glühwurm schimmert durch den Strauch,
Dann geht ein Flüstern und ein Winken,
Das sich dem Aehrenfelde naht,
Da geht ein nächtlich Silberblinken
Von Sicheln durch die goldne Saat.

Das sind die Bursche jung und wacker,
Die sammeln sich im Feld zuhauf
Und suchen den gereiften Acker
Der Wittwe oder Waise auf,
Die keines Vaters, keiner Brüder
Und keines Knechtes Hülfe weiß —
Ihr schneiden sie den Segen nieder,
Die reinste Lust ziert ihren Fleiß.

Schon sind die Garben festgebunden
Und rasch in einen Ring gebracht;
Wie lieblich floh'n die kurzen Stunden,
Es war ein Spiel in kühler Nacht!
Nun wird geschwärmt und hell gesungen
Im Garbenkreis, bis Morgenluft
Die nimmermüden braunen Jungen
Zur eignen schweren Arbeit ruft.

Trost der Creatur.

─────

I.

Wie schlafend unterm Flügel ein Pfau den Schnabel hält,
Von luft'gen Vogelträumen die blaue Brust geschwellt,
Geduckt auf einem Fuße, dann plötzlich oft einmal
Im Traume phantasierend das Funkelrad erstellt:
So hing betäubt und trunken, ausreckend Berg und Thal,
Der große Wundervogel in tiefem Schlaf, die Welt;
So schwoll der blaue Himmel von Träumen ohne Zahl,
Mit leisem Knistern schlug er ein Rad, das Sternenzelt.

─────

II.

Und als die Schöpfung bleischwer das Haupt im Schlafe wog
Und sie ein quälend Traumbild, daß sie nicht sei, betrog,
Und Gott im Himmel selber schlief, vergessend Meer und Land,
Worüber hin kein Lufthauch, ein Gräslein rührend, zog,
Da wacht' die schönste Lilie auf, die einsam, einsam stand,
Und die den fernen Sternglanz mit bangem Atem sog;
Da sank ein Falter tief in sie mit dunklem Schwingenrand,
Der durch den kalten Nachttau mit Mühe zitternd flog.
Die Flügel schmiegte bebend er an ihres Kelches Wand,
Die auch erbebend ob ihm sich eng zusammenbog.

─────

Wetternacht.

Der Sturm erwacht, es dunkelt allerenden,
Jetzt eben, hinter jenen Wolkenwänden,
Dort muß die Sonne untergeh'n;
Dort ist es abendklar und goldenhelle
Und sind nun Lilie, Rosenhag und Quelle
In einem seligroten Glanz zu seh'n.

Hier aber ist ein kaltes Weh'n und Brausen
In dunkler Luft die hohen Wälder sausen,
Die Bäche toben durchs Gestein;
Des Windes Peitsche fühlt die Haide streichen,
Ascetisch beugen sich die ernsten Eichen,
Die Nacht wankt finster in das Land herein.

Ich sehe kaum den Grund zu meinen Füßen,
Doch hör' ich rings die Regenströme gießen,
Es weint das schwarz verhüllte Land;
In meinem Herzen hallt die Klage wieder,
Und es ergreift mich, wirft mich jäh darnieder,
Und meine Stirne preßt sich in den Sand.

O reiner Schmerz, der von den Höh'n gewittert,
Du heil'ges Weh, das durch die Tiefen zittert,
Ihr schließt auch mir die Augen auf!
Ihr habt zu mir das Zauberwort gesprochen
Und meinen Hochmut wie ein Rohr gebrochen,
Und ungehemmt fließt meiner Thränen Lauf!

Du süßes Leid hast ganz mich überwunden!
Welch' dunkle Lust, die ich noch nie empfunden,
Ist mit der Demut angefacht!
Wie reich bist, Mutter Erde! du zu nennen,
Ich glaubte deine Herrlichkeit zu kennen,
Nun schau' ich erst in deiner Tiefe Schacht!

Und leise schallen hör' ich ferne Tritte,
Es naht sich mir mit leicht beschwingtem Schritte
Durch die geheim erhellte Nacht;
Weiß, wie entstiegen einem Marmorgrabe,
So wandelt her ein schöner schlanker Knabe,
Einsamer Bergmann in dem lichten Schacht.

Willkommen, Tod! Dir will ich mich vertrauen,
Laß mich in deine treuen Augen schauen
Zum ersten Male fest und klar!
Wie wenn man einen neuen Freund gefunden,
Kaum noch von der Verlassenheit umwunden,
So wird mein Herz der Qual und Sorge bar.

Tief schau' ich dir ins Aug', das sternenklare,
Wie stehn dir gut die schwarzgelockten Haare,
Wie sanft ist deine kühle Hand!
O lege sie in meine warmen Hände,
Dein heil'ges Antlitz zu mir nieder wende!
Wohl mir, daß ich dies traute Wissen fand!

Ob mir auch noch beglückte Stunden schlagen,
Ich will dich heimlich tief im Herzen tragen,
Und wo mich einst dein Ruf ereilt:
Im Blütenfeld, im festlich bunten Saale,
Auf dürft'gem Bett, im schlachterfüllten Thale,
Ich folge dir getrost und unverweilt. —

Die Nacht vergeht, die grauen Wolken fliegen.
Der Tag erwacht und seine Strahlen siegen,
Im Osten steigt der Sonnenschild empor;
Es blitzt sein Schein auf meinen alten Wegen,
Ein andrer aber tret' ich ihm entgegen,
Der ich die Furcht des Todes still verlor.

Morgen.

So oft die Sonne aufersteht,
Erneuert sich mein Hoffen
Und bleibet, bis sie untergeht,
Wie eine Blume offen;
Dann schlummert es ermattet
Im dunklen Schatten ein,
Doch eilig wacht es wieder auf
Mit ihrem ersten Schein.

Das ist die Kraft, die nimmer stirbt
Und immer wieder streitet,
Das gute Blut, das nie verdirbt,
Geheimnisvoll verbreitet!
So lang' noch Morgenwinde
Voran der Sonne weh'n,
Wird nie der Freiheit Fechterschar
In Nacht und Schlaf vergeh'n!

Sonnenaufgang.

Fahre herauf, du krystallener Wagen,
Klingender Morgen, so frisch und so klar!
Seidene Wimpel, vom Oste getragen,
Flattre, du rosige Wölkleinschar!

Siehe die Meere, sie wogen und branden,
Aber still das Gebirge steht,
Tau ist gesprengt auf den funkelnden Landen,
Weihbrunn zum heiligen Sonnengebet.

Tausendfach wollen die Blumen entriegeln
Aus ihrer Brust den gefangenen Gott;
Doch die vergoldeten Kreuze bespiegeln
Sich auf den Domen mit gleißendem Spott.

Singen nicht Lerchen dort hoch in den Lüften,
Schwenkend in freiem und fröhlichem Zug?
Nein, aber aufwärtsgeschwungen aus Klüften,
Sonnt sich ein kreischender Rabenflug.

Springt nicht ein Fischlein aus silberner Welle,
Das sich am lieblichen Lichte erfreut?
Ja, 's ist der Hecht, der bewehrte Geselle,
Der den alltäglichen Raub erneut.

Fahre hinüber auf drehenden Speichen,
Schimmernder Morgen, noch ist es nicht Zeit;
Rosige Wimpel, auch ihr mögt erbleichen —
Weh mir, schon weht ihr so blaß und so weit!

Fahr'! Ein Josua träumet auf Erden,
Dem es schon ahnend in Ohren erklingt;
Aufspringt er einst, in die Zügel den Pferden,
Welche zum Steh'n der Gewaltige zwingt!

Gruß der Sonne.

Aus den braunen Schollen
Springt die Saat empor,
Grüne Knospen rollen
Tausendfach hervor.

Und es ruft die Sonne:
Fort den blassen Schein!
Wieder will ich Wonne,
Glut und Leben sein!

Wieder wohlig zittern
Auf dem blauen Meer,
Oder zu Gewittern
Führen das Wolkenheer!

In den Frühlingsregen
Sieben Farben streu'n
Und auf Weg und Stegen
Meinen goldnen Schein!

Ruhn am Felsenhange,
Wo der Adler minnt,
Auf der Menschenwange,
Wo die Thräne rinnt!

Keller IX.

Dringen in der Herzen
Kalte Finsternis,
Blenden alle Schmerzen
Aus dem tiefsten Riß!

Bringt — ich bin die Sonne —
An das Kerkerthor,
Was ihr habt gesponnen
Winterlang, hervor!

Alle finstern Hütten
Sollen Mann und Maus
Auf die Aue schütten,
An mein Licht heraus!

Mit all' euren Schätzen
Lagert euch herum,
Wendet eure Fetzen
Vor mir um und um!

Daß durch jeden Schaden
Leuchten ich und dann
Mit dem goldnen Faden
Ihn verweben kann!

Am Brunnen.

Wie strahlet ihr im Morgenschein,
Du rosig Kind, der Blütenbaum
Und dieser Brunnen, frisch und rein —
Ein schön'res Kleeblatt giebt es kaum.

Wie dreifach lieblich hat Natur
In euch sich lächelnd offenbart!
Aus deinem Aug' grüßt ihre Spur
Des Wandrers stille Morgenfahrt.

Es ist, als käm' aus deinem Mund
Das Lied, das dort die Quelle singt,
Es ist, als thät' der Brunnen kund,
Was tief in deiner Seele klingt!

Und wie der weiße Apfelbaum
Mit seinen Zweigen euch umweht,
Dies Bild, zart wie ein Morgentraum,
Ist ein geschautes Frühgebet!

Reich' einen Trunk, du klare Maid,
Vom Quell, der deine Kindheit sah!
Sein Rauschen sei dir allezeit,
Die Klarheit deinem Herzen nah!

Ich wünsche Segen deiner Hand
Zur Arbeit, wie zum Liebesbund,
Dem bravsten Burschen hie zu Land
Das keusche Ja von deinem Mund!

Sonnenuntergang.

In Gold und Purpur tief verhüllt
Willst du mit deiner Leuchte scheiden,
Und ich, noch ganz von dir erfüllt,
Soll, Sonne, dich nun plötzlich meiden?
Du hast mein Herz mit Lust entzündet,
Du allerschönste Königin,
Wenn mir dein Strahlenantlitz schwindet,
Ist nicht das Leben tot und hin?

O reiche mir noch Einen Strahl
Des Lichtes, daß er auf mich falle
Und ich aus diesem Dämmerthal
An deiner Hand hinüberwalle!
Laß mich an deinem Hofe weilen,
Als lichte leichte Wolke nur,
Vor deinem Zuge kündend eilen
Als deines Glanzes schwächste Spur!

Sie geht, ich wende bang mich ab,
Es dünkt die Welt mich eine Kohle;
Was jüngst nur Klarheit wiedergab,
Stäubt, Asche, unter meiner Sohle. —
Doch schau, wie ich gen Osten kehre,
Taucht mir ein neues Wunder auf:
Im rosig milden Nebelmeere
Beginnt der Silbermond den Lauf!

Der nach verlornen Strahlen jagt,
Ist er der Sonne Aehrenleser?
Ist er, bis sie im Osten tagt,
Der goldnen Herrin Reichsverweser?
Ach, unsrer armen Mutter Erde
Ist er ja nur ein Lehenmann;
Und seht, mit glänzender Gebärde
Thut er die Lehnspflicht, wie er kann!

Er trägt das Licht durch Nacht und Gran'n
Getreu auf sanft erhellten Wegen,
Bis wir den Morgen wieder schau'n
Und frisch die Erde thaut im Segen.
Die Liebe wird den Ruhm nicht mindern,
Wenn Kleine mit den Kleinern geh'n:
Die Sonne selbst samt ihren Kindern
Muß sich um größ're Sterne drehn.

Abendregen.

Langsam und schimmernd fiel ein Regen,
In den die Abendsonne schien;
Der Wandrer schritt auf schmalen Wegen
Mit düstrer Seele drunter hin.

Er sah die großen Tropfen blinken
Im Fallen durch den goldnen Strahl;
Er fühlt es kühl aufs Haupt ihm sinken
Und sprach mit schauernd süßer Qual:

Nun weiß ich, daß ein Regenbogen
Sich hoch um meine Stirne zieht,
Den auf dem Pfad, so ich gezogen,
Die heitre Ferne spielen sieht.

Und die mir hier am nächsten stehen,
Und wer mich wohl zu kennen meint,
Sie können selber doch nicht sehen,
Wie er versöhnend ob mir scheint.

So wird, wenn andre Tage kamen,
Die sonnig auf dies Heute sehn,
Um meinen fernen blassen Namen
Des Friedens heller Bogen stehn.

Gewitterabend.

Es dämmert und dämmert den See herab,
Die Wasser sind gar so dunkel;
Doch wenn ob den Bergen der Blitzstrahl zuckt,
Was ist das für ein Gefunkel!

Dann thun dem Schiffer die Augen weh,
Er sputet sich ängstlich zu Lande,
Wo gaffend der Feierabend steht
Am grell erleuchteten Strande.

Die Leute freuen und fürchten sich
Und wünschen ein gutes Ende
Und daß der Herr kein Hagelgericht
In ihren Krautgarten sende.

Jetzt zischt der Strahl in die laue Flut,
Rings spannen sich feurige Ketten;
Der blöde Haufen ergreift die Flucht,
Sie verkriechen sich in die Betten.

Wenn Gott einen guten Gedanken hat,
Dann raunt man: es wetterleuchtet!
Paß' auf Gesindel, daß nicht einmal
Er in die Wirtschaft dir leuchtet!

Abendlied an die Natur.

Hüll' ein mich in die grünen Decken,
Mit deinem Säuseln fing' mich ein,
Bei guter Zeit magst du mich wecken
Mit deines Tages jungem Schein!
Ich hab' mich müd' in dir ergangen,
Mein Aug' ist matt von deiner Pracht
Nun ist mein einziges Verlangen,
Im Traum zu ruh'n, in deiner Nacht.

Des Kinderauges freudig Leuchten
Schon fingest du mit Blumen ein,
Und wollte junger Gram es feuchten,
Du scheuchtest ihn mit buntem Schein.
Ob wildes Hassen, maßlos Lieben
Mich zeither auch gefangen nahm:
Doch immer bin ich Kind geblieben,
Wenn ich zu dir ins Freie kam!

Geliebte, die mit ew'ger Treue
Und ew'ger Jugend mich erquickt,
Du einz'ge Lust, die ohne Reue
Und ohne Nachweh mich entzückt —
Sollt' ich dir jemals untreu werden,
Dich kalt vergessen, ohne Dank,
Dann ist mein Fall genaht auf Erden,
Mein Herz verdorben oder krank!

O steh' mir immerdar im Rücken,
Lieg' ich im Feld mit meiner Zeit!
Mit deinen warmen Mutterblicken
Ruh' auf mir auch im schärfsten Streit!
Und sollte mich das Ende finden,
Schnell decke mich mit Rasen zu;
O selig Sterben und Verschwinden
In deiner stillen Herbergsruh!

Abend auf Golgatha.

Eben die dornige Krone geneiget, verschied der Erlöser,
Weißlich in dämmernder Luft glänzte die Schulter des Herrn;
Siehe, da schwebte, vom tauigen Schimmer gelockt, die Phaläne
Flatternd hernieder, zu ruh'n dort, wo gelastet das Kreuz.
Langsam schlug sie ein Weilchen die samtenen Flügel zusammen,
Breitet' sie aus und entschwand fern in die sinkende Nacht.
Nicht ganz blieb verlassen ihr Schöpfer, den Pfeiler des Kreuzes
Hielt umfangen das Weib, das er zur Mutter sich schuf.

Rosenwacht.

Im Glase blüht ein frischer Rosenstrauß,
Daneben webt ein Jünglingsleben aus;
Ins Zimmer bricht der volle Abendglanz —
Welch schönes Bild in einen Totentanz!

Von rotem Golde taut das Sommerland,
Die Reb' am Fenster und die Kammerwand,
Der Sterbenskranke und sein Linnentuch,
Das Kirchenmännlein und sein schwarzes Buch.

Du armer Dunkelmann, was suchst du hier?
Die Menschen nicht, noch Blumen lauschen dir!
Nach Westen neigen sie sich insgesamt:
Die Sonne hält das heil'ge Totenamt.

Wie abendschön des Kranken Antlitz glüht,
Daß kaum man ahnt, wie weiß der Tod da blüht!
Sein Nachtmahlkelch ist flüssig Sonnengold,
Wie durstig trinkt er diesen Liebessold!

Und scheidend winkt der letzte Sonnenstrahl,
Erkaltet und verglüht sind Berg und Thal,
Das junge Menschenkind ist bleich und tot,
Die Rosen sind geblieben frisch und rot.

So halten die Vergänglichen die Wacht
Beim stillen Manne bis zur dritten Nacht;
Dann legen sie bescheiden ihr Gewand
Dem Herrn des Lebens in die Vaterhand.

Abendlied.

Augen, meine lieben Fensterlein,
Gebt mir schon so lange holden Schein,
Lasset freundlich Bild um Bild herein:
Einmal werdet ihr verdunkelt sein!

Fallen einst die müden Lider zu,
Löscht ihr aus, dann hat die Seele Ruh';
Tastend streift sie ab die Wanderschuh',
Legt sich auch in ihre finst're Truh'.

Noch zwei Fünklein sieht sie glimmend steh'n
Wie zwei Sternlein, innerlich zu seh'n,
Bis sie schwanken und dann auch vergeh'n,
Wie von eines Falters Flügelweh'n.

Doch noch wandl' ich auf dem Abendfeld,
Nur dem sinkenden Gestirn gesellt;
Trinkt, o Augen, was die Wimper hält,
Von dem goldnen Ueberfluß der Welt!

Frühlingsbotschaft.

Zum Gerichte rief der Frühling.
Denn mit Strenge zu verfahren
Gegen ketzerisch verstockte
Nebelsinnige Verzweiflung,
Haben seine Heiligkeit
Bei der Sonne Glanz geschworen.

Und in grünem Feuer flammen
Alle Bäume nun auf Erden,
Jeder Baum ist eine Flamme!
Und geschürt sind alle Gluten,
Angefacht glüh'n alle Rosen,
Während die schismatisch grauen
Aufgelösten Nebelflocken
Klagend durch die Lüfte flattern,
Gleich verbrannter Ketzer Asche;
Doch der heilig ernste Himmel
Läßt sie ohne Spur verschwinden,
Und er schaut ins grüne Feuer
Mit erbarmungsloser Bläue.

Habt ihr jetzo unter euch
Einen schlimmen und verschraubten
Heuchlerischen und verstockten
Und verbohrten Hypochonder,
Der da zwischen Gut und Böse
Eigensinnig schwankt und zweifelt,
Weder warm noch kalt kann werden,
Oder zu gerechtem Argwohn
Grund gibt, daß sein schwarzes Inn'res

Wohl ein ungeheures hohles
Aufgeblaf'nes Schisma berge:
Diesen legt nun auf die Folter,
Diesen lasset nun bekennen!
Bindet ihn mit jungem Ephen,
Werft ihn nieder auf die Rosen,
Gießt ihm Wein auf seine Zunge,
Tropfen flüssig heißen Goldes,
Das den Mann zum Beichten zwingt,
Glas auf Glas, bis er bekennt!.

Zeiget sich ein Hoffnungsfunke,
Nur ein Fünklein heitern Glaubens,
Nur ein Strahl des guten Geistes,
O so stellt ihn auf zur Linken,
Zur Belehrung und zur Beff'rung!
O so stellt ihn, wo das Herz schlägt,
Auf der Menschheit frohe Linke,
Auf des Frühlings große Seite!

Sollt' es sich jedoch ereignen,
Daß das peinliche Verfahren
Nichts enthüllte, nichts ergäbe,
Was da nur der Rede wert,
Das Delirium des Rausches
Selbst nur eine dunkle Leere
Vor den Richtern offenbarte:
Schleunig laßt den Sünder laufen,
Jagt ihn stracks zur schnöden Rechten,
Wo Geheul und Zähneklappen,
Dummheit und Verdammnis wohnen!

Frühlingsglaube.

Es wandert eine schöne Sage
Wie Veilchenduft auf Erden um,
Wie sehnend eine Liebesklage
Geht sie bei Tag und Nacht herum.

Das ist das Lied vom Völkerfrieden
Und von der Menschheit letztem Glück,
Von goldner Zeit, die einst hienieden,
Der Traum als Wahrheit, kehrt zurück.

Wo einig alle Völker beten
Zum Einen König, Gott und Hirt:
Von jenem Tag, wo den Propheten
Ihr leuchtend Recht gesprochen wird.

Dann wird's nur Eine Schmach noch geben,
Nur eine Sünde in der Welt:
Des Eigen-Neides Widerstreben,
Der es für Traum und Wahnsinn hält.

Wer jene Hoffnung gab verloren
Und böslich sie verloren gab,
Der wäre besser ungeboren:
Denn lebend wohnt er schon im Grab.

Wieder vorwärts!

———

Berghinan vom kühlen Grund
Durch den Wald zum Felsenknauf
Haucht des Frühlings holder Mund,
Tausend Augen thun sich auf.

Sachte zittert Reis an Reis,
Langt hinaus, noch halb im Traum,
Langt und sucht umher im Kreis
Für drei grüne Blättlein Raum.

Doch mit lautem Wellensang
Weckt der Bach die Waldesruh',
Mitten drin am jähen Hang
Schläft ein Trumm von einer Fluh.

Das einst hoch am Silberquell
In des Berges Krone lag,
Nieder führt' an diese Stell'
Es ein solcher Frühlingstag.

Wo es hundert Jahre blieb
Hangen an der Eschenwurz;
Heute reißt der junge Trieb
Weiter es im Wassersturz.

Dröhnend springt's von Stein zu Stein,
Trunken von der wilden Flut,
Bis es dort am Wiesenrain
Schwindelnd unter Blumen ruht.

Du versteinte Herrlichkeit,
O wie tanzest du so schwer
Mit der tollen Frühlingszeit —
Hinter dir kein Rückweg mehr!

Bergfrühling.

Der Lenz ist da, die Lauine fällt,
Sie rollt mit Tosen und Sausen ins Thal;
Ich hab' mein Hüttlein daneben gestellt
Auf grünende Matten am sonnigen Strahl,

Und ob auch die Laue mein Hüttchen trifft
Und nieder es führt im donnernden Lauf —
So bald wieder trocken die Alpentrift,
Bau' ich mir singend ein neues auf.

Doch wenn in meines Landes Bann
Der Knechtschaft verheerende Löwin fällt,
Dann zünd' ich selber die Heimstatt an
Und ziehe hinaus in die weite Welt!

Hinaus in die Welt, in das finstere Reich,
Zu dienen im Dunkel dem fremden Mann,
Ein armer Gesell, der die Sterne bleich
Der Heimat nimmer vergessen kann!

Frühling des Armen.

Der Lenzwind tanzt auf Berg und Haide,
Jung Ivo taumelt wie im Traum,
Und zierlich schürzt die Birk' den Saum
An ihrem grünen Seidenkleide.
Sein Bündelchen im tollen Reigen
Wirft er empor zum lust'gen Ritt:
„O Birke! wieg' auf deinen Zweigen
Mein armes Ränzel freundlich mit!

„Was macht der Haide Glanz so traurig
Mein arm unwissend Bubenherz?
Was bettelt es und was begehrt's,
Das mich durchwallt so süß und schaurig?
Tief möcht' ich in den Himmel greifen,
Und meine Lippen zucken leis —
O könnt' ich singen oder pfeifen,
Was mir im Blute gährt so heiß!

„Am Bach sah ich mein Mädchen stehen,
O traute Birk'! im Morgenstrahl,
Dann aber froh aus unserm Thal
Mit Wanderschritten eilend gehen.
Sie ist dies Jahr so schön geworden,
Ich sah's mit jähem Schrecken ein!
Was aber soll im Bettelorden
Der reinen Schönheit Prunk und Schein!

„Was schiert mich all dies stolze Blühen?
Beschränke dich, du eitle Brust;
Umsonst! mich will die fremde Lust
Weit in die dunkle Ferne ziehen!

Du liebe Schwester Birke senke
Mein Säcklein wieder frei herab
Und einen deiner Aeste schenke
Mir noch zum grünen Bettelstab!

„Ich wandre, bis das Land ich finde,
Das bess're, wo der ärmste Mann
Ein Quentlein Hoffnung kaufen kann
Für einen Deut von Birkenrinde.
Dann wird mein Stecken bald zu Golde,
Das schönste Schloß erstürm' ich frisch,
Drin sitzt als Glück mein Kind, das holde,
Und winkt mir lächelnd an den Tisch!“

Gewitter im Mai.

In Blüten schwamm das Frühlingsland,
Es wogte weiß in schwüler Ruh;
Der dunkle feuchte Himmel band
Mir schwer die feuchten Angen zu.

Voll Reu' und Leid hatt' ich den Mai
Gegrüßt und seinen bunten Flor;
Nun zog er mir im Schlaf vorbei,
Verträumt von dem vergrämten Thor!

Da war ein Donnerschlag gescheh'n,
Ein einziger; den Berg entlang
Hört' ich Erwachender vergeh'n,
Erschrocken seinen letzten Klang!

„Steh' auf! steh auf! entraffe dich
Der trägen thatenlosen Reu'!“
Durch Thal und Herz ein Schauer strich,
Das Leben blühte frisch und nen.

Zur Erntezeit.

I.

Das ist die üppige Sommerzeit,
Wo alles so schweigend blüht und glüht,
Des Juli stolzierende Herrlichkeit
Langsam das schimmernde Land durchzieht

Ich hör' ein heimliches Dröhnen gehn
Fern in der Gebirge dämmerndem Blau,
Die Schnitter so stumm an der Arbeit stehn,
Sie schneiden die Sorge auf brennender Au'.

Sie sehnen sich nach Gewitternacht,
Nach Sturm und Regen und Donnerschlag,
Nach einer wogenden Freiheitsschlacht
Und einem entscheidenden Völkertag!

II.

Es deckt der weiche Buchenschlag
Gleich einem grünen Sammtgewand,
So weit mein Auge reichen mag,
Das hügelübergoss'ne Land.

Und sachte streicht darüber hin
Mit linder Hand ein leiser West,
Der Himmel hoch mit stillem Glühn
Sein blaues Aug' drauf ruhen läßt.

Mir ist, ich trag' ein grünes Kleid
Von Sammet und die weiche Hand
Von einer schweigsam holden Maid
Strich' es mit ordnendem Verstand.

Wie sie so freundlich sich bemüht,
Duld' ich die leichte Unruh' gern,
Indeß sie mir ins Auge sieht
Mit ihres Auges blauem Stern.

Uns beiden ist, dem Land und mir,
So innerlich, von Grund aus, wohl —
Doch schau', was geht im Feldweg hier,
Den Blick so scheu, die Wange hohl?

Ein Heimatloser sputet sich
Waldeinwärts durch den grünen Plan —
Das Menschenelend krabbelt mich
Wie eine schwarze Wolfsspinn' an!

Waldlieder.

I.

In Arm und Kron' an Krone steht der Eichenwald
          verschlungen,
Heut hat er bei guter Laune mir sein altes Lied gesungen.

Fern am Rande fing ein junges Bäumchen an sich sacht zu wiegen,
Und dann ging es immer weiter an ein Sausen, an ein Biegen;

Kam es her in mächt'gem Zuge, schwoll es an zu breiten Wogen,
Hoch sich durch die Wipfel wälzend kam die Sturmesflut gezogen.

Und nun sang und pfiff es graulich in den Kronen, in den Lüften,
Und dazwischen knarrt' und dröhnt' es unten in den Wurzelgrüften.

Manchmal schwang die höchste Eiche gellend ihren Schaft alleine,
Donnernder erscholl nur immer drauf der Chor vom ganzen Haine!

Einer wilden Meeresbrandung hat das schöne Spiel geglichen;
Alles Laub war weißlich schimmernd nach Nordosten hingestrichen.

Also streicht die alte Geige Pan der Alte laut und leise,
Unterrichtend seine Wälder in der alten Weltenweise.

In den sieben Tönen schweift er unerschöpflich auf und nieder,
In den sieben alten Tönen, die umfassen alle Lieder.

Und es lauschen still die jungen Dichter und die jungen Finken,
Kauernd in den dunklen Büschen sie die Melodien trinken.

II.

Aber auch den Föhrenwald
Laß' ich mir nicht schelten,
Wenn mein Jauchzen widerhallt
In dem sonnerhellten!

Heiter ist's und aufgeräumt
Und das Weh'n der Föhren,
Wenn die Luft in ihnen träumt,
Angenehm zu hören!

Schlanken Riesenkindern gleich
Steh'n sie da im Bunde,
Jedes erbt ein kleines Reich
Auf dem grünen Grunde.

Aber oben eng verwebt,
Eine Bürgerkrone
Die Genossenschaft erhebt
Stolz zum Sonnentrone.

Schmach und Gram umfängt sie nie,
Nimmer Lebensreue;
Schnell und mutig wachsen sie
In des Himmels Bläue.

Wenn ein Stamm im Sturme bricht,
Halten ihn die Brüder;
Und er sinkt zur Erde nicht,
Schwebend hängt er nieder.

Lieg' ich so im Farrenkraut,
Schwindet jede Grille,
Und es wird das Herz mir laut
In der Föhrenstille.

Weihrauchwolken ein und aus
Durch die Räume wallen —
Bin ich in ein Gotteshaus
Etwan eingefallen?

Doch der Unsichtbare läßt
Lächelnd es geschehen,
Wenn mein wildes Kirchenfest
Hier ich will begehen!

Am fließenden Waſſer.

I.

Hell im Silberlichte flimmernd
Zieht und singt des Baches Welle,
Goldengrün und tiefblau schimmernd
Küßt sie flüchtig die Libelle;
Und ein drittes kommt dazu,
Eine Blüte hergeschwommen:
Alle haben drauf im Nu
Heitern Abschied schon genommen.

Und die Esche beugt sich drüber,
Schaut in Ruh das holde Treiben,
Denkt: Ihr Lieben, zieht vorüber,
Ich will grünen hier und bleiben!
Und ich unterm Eschenbaum:
Was soll denn mit mir geschehen
In dem reizend leichten Traum?
Soll ich bleiben? Soll ich gehen?

II.

Ich liege beschaulich
An klingender Quelle
Und senke vertraulich
Den Blick in die Welle;
Ich such' in den Schäumen
Weiß selbst nicht, wonach?
Verschollenes Träumen
Wird in mir wach.

Da kommt es gefahren
Mit lächelndem Munde,
Vorüber im klaren
Krystallenen Grunde,
Das alte vertraute,
Das Weltangesicht!
Sein Aug' auf mich schaute
Mit äth'rischem Licht.

Wohin ist's geschwommen
Im Wellengewimmel?
Woher ist's gekommen?
Vom blauenden Himmel!
Denn als ich ins Weben
Der Wolken geseh'n,
Da sah ich noch eben
Es dort vergeh'n.

Ich seh' es fast immer,
Wenn's windstill und heiter,
Und stets macht sein Schimmer
Die Brust mir dann weiter;

Doch wenn sein Begegnen
Der Seele Bedarf,
Im Stürmen und Regnen
Auch seh' ich es scharf.

III.

Ein Fischlein steht am kühlen Grund,
Durchsichtig fließen die Wogen,
Und senkrecht ob ihm hat sein Rund
Ein schwebender Falk gezogen.

Der ist so lerchenklein zu seh'n
Zuhöchst im Himmelsdome;
Er sieht das Fischlein ruhig steh'n,
Glänzend im tiefen Strome!

Und dieses auch hinwieder sieht
Ins Blaue durch seine Welle
Ich glaube gar, das Sehnen zieht
Eins an des andern Stelle!

IV.

Sah ich eine junge Welle,
Die durch Alpenrosen floß
Und sich rauschend mit der Quelle,
Mit dem Strom ins Thal ergoß.

Schien der Himmel drin versunken,
Und war doch so leicht und klar,
Und ich hab' davon getrunken,
Wie so frisch und rein sie war!

Bin dann auf dem Meer gelegen,
Wo das Kreuz am Himmel steht;
Nicht konnt' unser Schiff sich regen,
In der Glut kein Lüftchen weht'!

Schaut' ich in die Wasser nieder,
In die Tiefen unverwandt,
Und sah meine Welle wieder
Aus den Bergen, wohlbekannt.

Von dem heißen Strahl durchzittert,
Ja, sie war es, deutlich, nah!
Doch versalzen und verbittert,
Still und mutlos lag sie da. —

Regen-Sommer.

Nasser Staub auf allen Wegen!
Dorn und Distel hängt voll Regen
Und der Bach schreit wie ein Kind!
Nirgends blüht ein Regenbogen,
Ach, die Sonn' ist weggezogen
Und der Himmel taub und blind!

Traurig ruh'n des Waldes Lieder,
Alle Saat liegt siech darnieder,
Frierend schläft der Wachtel Brut.
Jahreshoffnung, fahler Schimmer!
Mit den Menschen steht's noch schlimmer,
Kalt und träge schleicht ihr Blut!

Krankes Weib am Findelsteine
Mit dem Säugling, weine! weine
Trostlos oder hoffnungsvoll:
Nicht im Feld und auf den Bäumen —
In den Herzen muß es keimen,
Wenn es besser werden soll!

Fleh' zu Gott, der ja die Saaten
Und das Menschenherz beraten,
Bete heiß und immerdar,
Daß er, unsre Not zu wenden,
Wolle Licht und Wärme senden
Und ein gutes Menschenjahr!

In Duft und Reif.

Im Herbst verblichen liegt das Land,
Und durch die grauen Nebel bricht
Ein blasser Strahl vom Waldesrand,
Den Mond doch selber sieht man nicht.

Doch schau! der Reif wird Blütenstaub,
Ein Lorbeerhain der Tannenwald,
Das falbe, halb erstorbne Laub
Wie bunte Blumenwogen wallt!

Ist es ein Traumbild, das mir lacht?
Ist's Frühlingstraum vom neuen Jahr?
Die Freiheit wandelt durch die Nacht
Mit wallend aufgelöstem Haar!

Und wandelnd späht sie rings und lauscht,
Die bleiche, hohe Königin,
Und ihre Purpurschleppe rauscht
Leis über dunkle Gräber hin.

Sie hat gar eine reiche Saat
Verborgen in der Erde Schoß;
Sie forscht, ob die und jene That
Nicht schon in grüne Halme sproß.

Sie drückt ein Schwert an ihre Brust,
Das blinkt im weißen Dämmerlicht;
Sie bricht in wehmutvoller Lust
Manch blutiges Vergißmeinnicht. —

Es ist auf Erden keine Stadt,
Es ist kein Dorf, deß stille Hut
Nicht einen alten Kirchhof hat,
Darin' ein Freiheits-Märt'rer ruht.

Gasel.

Herbstnächtliche Wolken, sie wanken und zieh'n
Gleich fieberisch träumenden Kranken dahin;
Auf Bergwald und Seele die Düsternis ruht,
Ob kalt sie auch Wind und Gedanken durchflieh'n.
Klar strahlend jedoch tritt hervor nun der Mond,
Und weithin die Nebel entschwanken um ihn;
Geh' auf auch im Herzen mir, lieblicher Stern,
Dem immer die Schatten noch sanken dahin!

Herbstnacht.

Als ich, ein Kind am Strome ging,
Wie ich da fest am Glauben hing,
Wenn ich den Wellen Blumen gab,
So zögen sie zum Meer hinab.

Nun.hält die schwarz verhüllte Nacht
Erschauernd auf den Wäldern Wacht,
Weil bald der Winter, kalt und still,
Doch tötlich mit ihr ringen will.

Schon rauscht und wogt das weite Land
Geschüttelt von des Sturmes Hand,
Es braus't von Wald zu Wald hinauf
Entlang des Flusses wildem Lauf.

Da schwimmt es auf den Wassern her,
Wie ein ertrunknes Völkerheer
Schwimmt Leich' an Leiche, Blatt an Blatt,
Was schon der Streit verschlungen hat.

Das ist das tote Sommergrün,
Das zieht zum fernen Weltmeer hin —
Ade, ade, du zarte Schar,
Die meines Herzens Freude war!

Sing's in die Niedrung' dunkle Flut:
Hier oben glimmt ein heißes Blut,
Wie Haidefeuer einsam glüht,
An dem die Welt vorüber zieht!

Sonntagsjäger.

Es lässet sich mit aller Kraft
Ein Horn im Walde hören;
Ich krieg' ein altes Rohr beim Schaft
Und schlendre in die Föhren.

Der Wald, der macht mir vielen Spaß,
Er flunkert in der Sonnen;
Der Reif hat wie mit Jungfernglas
Die Nadeln übersponnen.

Da hüpft ein junger Has daher
Und spielt vor mir im Grase;
Ich brenne wie von ungefähr
Mein Schrot ihm auf die Nase.

Es ist, als schrie' er: „Gott vergelt's!"
Mit kläglicher Gebärde;
Sein rotes Blütlein färbt den Pelz
Und macht sich in die Erde.

Was stierst du so, du Haidekind,
Im Sterben immer dümmer?
Du stehst mich, wie die Andern sind,
Nicht besser und nicht schlimmer!

Und als das Häslein ausgeschnappt,
Hab' ich es heimgetragen —
Doch freilich schon genug gehabt
Von Weidmanns Heil und Jagen!

Feldbeichte.

Im Herbst, wenn sich der Baum entlaubt,
Nachdenklich wird und schweigend,
Mit Reif bestreut sein welkes Haupt,
Fromm sich dem Sturme neigend:

Da geht das Dichterjahr zu End',
Da wird mir ernst zu Mute;
Im Herbst nehm' ich das Sakrament
In jungem Traubenblute.

Da bin ich stets beim Abendrot
Allein im Feld zu finden,
Da brech' ich zag mein Stücklein Brot
Und denk' an meine Sünden.

Ich richte mir den Beichtstuhl ein
Auf ödem Haideplatze;
Der Mond, der muß mein Pfaffe sein
Mit seiner Silberglatze.

Und wenn er grämlich zögern will,
Der Last mich zu entheben,
Dann ruf' ich: „Alter, schweig' nur still,
Es ist mir schon vergeben!

Ich habe längst mit Not und Tod
Ein Wörtlein schon gesprochen!"
Dann wird mein Pfaff vor Aerger rot
Und hat sich bald verkrochen.

Trübes Wetter.

Es ist ein stiller Regentag,
So weich, so ernst, und doch so klar,
Wo durch den Dämmer brechen mag
Die Sonne weiß und sonderbar.

Ein wunderliches Zwielicht spielt
Beschaulich über Berg und Thal;
Natur, halb warm und halb verkühlt,
Sie lächelt noch und weint zumal.

Die Hoffnung, das Verlorensein
Sind gleicher Stärke in mir wach;
Die Lebensluft, die Todespein,
Sie ziehn auf meinem Herzen Schach.

Ich aber, mein bewußtes Ich,
Beschau' das Spiel in stiller Ruh,
Und meine Seele rüstet sich
Zum Kampfe mit dem Schicksal zu.

Stiller Augenblick.

———

Fliehendes Jahr, in duftigen Schleiern
Streifend an abendrötlichen Weiern
Wallest du deine Bahn;
Siehst mich am kühlen Waldsee stehen,
Wo an herbstlichen Uferhöhen
Zieht entlang ein stummer Schwan.

Still und einsam schwingt er die Flügel,
Tauchet in den Wasserspiegel,
Hebt den Hals empor und lauscht;
Taucht zum andern Male nieder,
Richtet sich auf und lauschet wieder,
Wie's im flüsternden Schilfe rauscht.

Und in seinem Thun und Lassen
Will's mich wie ein Traum erfassen,
Als ob's meine Seele wär',
Die verwundert über das Leben,
Ueber das Hin- und Wiederschweben,
Lugt' und lauschte hin und her.

Atme nur in vollen Zügen
Dieses friedliche Genügen
Einsam auf der stillen Flur!
Und hast du dich klar empfunden,
Mögen enden deine Stunden,
Wie zerfließt die Schwanenspur!

———

Herbstlied.

Laßt uns auf alle Berge gehen,
Wo jetzt der Wein zu Thale fließt,
Und überall am nächsten stehen,
Wo sich der Freude Quell ergießt,
Uns tief in allen Augen spiegeln,
Die durch das Rebenlaub erglühn!
Laßt uns das letzte Lied entriegeln,
Wo noch zwei rote Lippen blühn!

Seht, wie des Mondes Antlitz glühend
Im Rosenscheine aufersteht,
Indeß die Sonne, freudesprühend,
Den Leib im Westmeer baden geht!
Wie auf der Jungfrau'n einer Wange
Der Widerschein des Mondes ruht,
Dieweil erhöht vom Niedergange,
Erglänzt der andern Purpurblut.

O küsset schnell die Himmelszeichen,
Eh' sich verdunkelt die Natur!
Mag dann der Abglanz auch erbleichen,
Im Herzen loht die schönre Spur!
Mag sich, wer zu dem süßen Leben
Der Lieb' im Lenz das Wort nicht fand,
Der holden Torheit nun ergeben,
Den Brausebecher in der Hand!

Wohl wird man edler durch das Leiden
Und strenger durch erlebte Qual;
Doch hoch erglühn in guten Freuden,
Das adelt Seel' und Leib zumal.

Und liebt der Himmel seine Kinder,
Wo Thränen er durch Leid erpreßt,
So liebt er jene drum nicht minder,
Die er vor Freude weinen läßt.

Und sehnen blasse Gramgenossen
Sich nach dem Grab in ihrer Not,
Wem hell des Lebens Born geflossen,
Der scheut noch weniger den Tod!
Taucht euch ins Bad der Luft, ins klare,
Das euch die kurze Stunde gönnt,
Daß auch für alles heilig Wahre
Ihr jede Stunde sterben könnt!

Land im Herbste.

Die alte Heimat seh' ich wieder,
Gehüllt in herbstlich feuchten Duft;
Er träufelt von den Bäumen nieder,
Und weithin dämmert grau die Luft.

Und grau ragt eine Flur im Grauen,
Drauf geht ein Mann mit weitem Schritt
Und streut, ein Schatten nur zu schauen,
Ein graues Zeug, wohin er tritt.

Ist es der Geist verschollner Ahnen,
Der kaum erstrittnes Land besät,
Indeß zu Seiten seiner Bahnen
Der Speer in brauner Erde steht?

Der aus vom Kampf noch blut'gen Händen
Die Körner in die Furche wirft,
So mit dem Pflug von End' zu Enden
Ein jüngst vertriebnes Volk geschürft?

Nein, den Genossen meines Blutes
Erkenn' ich, da ich ihm genaht,
Der langsam schreitend, schweren Mutes
Die Flur bestäubt mit Aschensaat.

Die müde Scholle neu zu stärken
Läßt er den toten Staub verweh'n,
So seh' ich ihn in seinen Werken
Gedankenvoll und einsam geh'n.

Grau ist der Schuh an seinem Fuße,
Grau Hut und Kleid, wie Luft und Land;
Nun reicht er mir die Hand zum Gruße
Und färbt mit Asche mir die Hand.

Das alte Lied, wo ich auch bliebe,
Von Mühsal und Vergänglichkeit!
Ein wenig Freiheit, wenig Liebe,
Und um das Wie der arme Streit!

Wohl hör' ich grüne Halme flüstern
Und ahne froher Lenze Licht!
Wohl blinkt ein Sichelglanz im Düstern,
Doch binden wir die Garben nicht!

Wir dürfen selbst das Korn nicht messen,
Das wir gesät aus toter Hand;
Wir gehn und werden bald vergessen,
Und unsre Asche fliegt im Land!

Fahrewohl.

Den Linden ist zu Füßen tief
Das dürre Laub geblieben;
Am Himmel steht ein Scheidebrief
Ins Abendrot geschrieben.

Die Wasser glänzen still und kühl,
Ein Jahr ist drin ertrunken;
Mir ist ein schaudernd Grabgefühl
Ins warme Herz gesunken.

Du schöne Welt! muß wohl ich bald
In diese Blätter sinken,
Daß andres Herz und andrer Wald
Die Frühlingslüfte trinken?

Wenn du für meines Wesens Raum
Ein beßres weißt zu finden,
Dann laß mich aus dem Lebenstraum
Rasch und auf ewig schwinden!

Erster Schnee.

———

Wie nun alles stirbt und endet
Und das letzte Lindenblatt
Müd sich an die Erde wendet
In die warme Ruhestatt,
So auch unser Thun und Lassen,
Was uns zügellos erregt,
Unser Lieben, unser Hassen
Sei zum welken Laub gelegt.

Reiner weißer Schnee, o schneie,
Decke beide Gräber zu,
Daß die Seele uns gedeihe
Still und kühl in Wintersruh!
Bald kommt jene Frühlingswende,
Die allein die Liebe weckt,
Wo der Haß umsonst die Hände
Dräuend aus dem Grabe streckt.

———

Im Schnee.

———

Wie naht das finster türmende
Gewölk so schwarz und schwer!
Wie jagt der Wind, der stürmende,
Das Schneegestöber her!

Verschwunden ist die blühende
Und grüne Weltgestalt;
Es eilt der Fuß, der fliehende,
Im Schneefeld naß und kalt.

Wohl dem, der nun zufrieden ist
Und innerlich sich kennt!
Dem warm ein Herz beschieden ist,
Das heimlich loht und brennt!

Wo, traulich sich dran schmiegend, es
Die wache Seele schürt,
Ein perlend, nie versiegendes
Gedankenbrauwerk rührt!

Winterspiel.

Verschlossen und dunkel ist um und um
Mein winterlich Herz zu schauen;
Doch innen, da ist es leuchtend und hell
Und dehnen sich grünende Anen.

Da stell' ich den Frühling im kleinen auf
Mit Rosengärten und Bronnen,
Und spann' ich ein zierliches Himmelsgezelt
Mit Regenbögen und Sonnen.

Da entzünd' ich Morgen- und Abendrot
Und lasse die Nachtigall schlagen,
Schlank gehende, blühende Jungfräulein
Meergrüne Gewänder tragen.

Dann ändr' ich die Scene, dann laß' ich mit Macht
Den gewaltigen Sommer erglühen,
Die Schnitter auf goldenen Garden ruhn,
Blutrot das Mohnfeld blühen.

Dann plötzlich erhell' ich mit Wetterschein
Mein Herz und füll' es mit Stürmen,
Laß' Schiffe und Männer zu Grunde geh'n,
Dann „Feuer" auf Bergen und Türmen!

Hei! Revolution und Mordgeschrei
Mit Galgen und Guillotinen!
Geköpfte Könige, wahnsinnig' Volk,
Convente und Höllenmaschinen!

Nun ist mein Busen der Greveplatz
Voll Pöbels und blutiger Leichen;
Ich sehe mich selber im dicksten Gewühl
Entsetzt und totblaß schleichen.

Es wird mir so bang', kaum find' ich die Kraft,
Den Gräuel noch wegzuhauchen;
Braun dämmert ein Moor, ich liege tot,
Wo verlassene Trümmer rauchen.

Wie alles so stumm und erstorben ist,
So trag' ich mich schweigend zu Grabe
Und pflanz' ein schwarzes Kreuz darauf,
Das ich selber gezimmert habe.

Ich schreibe darauf: hier ist ins Gras
Ein spielender Träumer gekrochen;
Wohl ihm und uns, wär' die Welt von Glas,
Er hätte sie lange zerbrochen!

Winternacht.

Nicht ein Flügelschlag ging durch die Welt,
Still und blendend lag der weiße Schnee.
Nicht ein Wölklein hing am Sternenzelt,
Keine Welle schlug im starren See.

Aus der Tiefe stieg der Seebaum auf,
Bis sein Wipfel in dem Eis gefror;
An den Aesten klomm die Nix herauf,
Schaute durch das grüne Eis empor.

Auf dem dünnen Glase stand ich da,
Das die schwarze Tiefe von mir schied;
Dicht ich unter meinen Füßen sah
Ihre weiße Schönheit Glied um Glied.

Mit ersticktem Jammer tastet' sie
An der harten Decke her und hin,
Ich vergeß' das dunkle Antlitz nie,
Immer, immer liegt es mir im Sinn!

II.

Erstes Lieben.

Jugendgedenken.

Ich will spiegeln mich in jenen Tagen,
Die wie Lindenwipfelwehn entflohn,
Wo die Silberſaite, angeſchlagen,
Klar, doch bebend gab den erſten Ton,
Der mein Leben lang,
Erſt heut noch, widerklang,
Ob die Saite längſt zerriſſen ſchon;

Wo ich ohne Tugend, ohne Sünde,
Blank wie Schnee vor dieſer Sonne lag,
Wo dem Kindesauge noch die Binde
Lind verbarg den blendend hellen Tag:
Du entſchwundne Welt
Klingſt über Wald und Feld
Hinter mir wie ferner Wachtelſchlag.

Wie ſo fabelhaft iſt hingegangen
Jener Zeit beſcheidne Frühlingspracht,
Wo von Mutterliebe noch umfangen
Schon die Jugendliebe leis erwacht,
Wie, vom Sonnenſchein
Durchſpielt, ein Edelſtein,
Den ein Glücklicher ans Licht gebracht.

Wenn ich scheidend einst muß überspringen
Jene Kluft, die keine Brücke trägt,
Wird mir nicht ein Lied entgegenklingen,
Das bekannt und ahnend mich erregt?
О die Welt ist weit!
Ob nicht die Jugendzeit
Irgendwo noch an das Herz mir schlägt?

Träumerei! was sollten jene hoffen,
Die nie sahn der Jugend Lieblichkeit,
Die ein unnatürlich Los getroffen,
Frucht zu bringen ohne Blütenzeit?
Ach, was man nicht kennt,
Danach das Herz nicht brennt
Und bleibt kalt dafür in Ewigkeit!

In den Waldeskronen meines Lebens
Atme fort, du kühles Morgenwehn!
Heiter. leuchte, Frühstern guten Strebens,
Laß mich treu in deinem Scheine gehn!
Rankend Immergrün
Soll meinen Stab umblühn,
Nur noch Ein Mal will ich rückwärts sehn!

Der Nachtschwärmer.

Von heißer Lebenslust entglüht
Hab' ich das Sommerland durchstreift,
Darüber ist der Tag verblüht
Und zu der schönsten Nacht gereift.
Ich steige auf des Berges Rücken
Zur Kanzel von Granit empor
Und beuge mich mit trunknen Blicken
In die entschlafne Landschaft vor.

Am andern Berge drüben steht
Im Sternenschein der Liebe Haus,
Aus seinem offnen Fenster weht
Ein Vorhang in die Nacht hinaus;
Das ist fürwahr ein luftig Gitter,
Das mir das Fräulein dort verschließt,
Nur schade, das mir armen Ritter
Der tiefe Strom dazwischen fließt!

So will ich ihr ein Ständchen bringen,
Das weithin durch die Lüfte schallt,
Und spiele du zu meinem Singen,
O Geist der Nacht, auf Thal und Wald!
Den Wind laß mit den Tannen kosen,
Die wie gespannte Saiten steh'n,
Und mit der Wellen fernem Tosen
Der Nachtigallen Chor verweh'n!

Im Osten zieht ein Wetter hin,
Das stellen wir als Helfer an,
Wie leuchtend schwingt sein Tamburin
Am Horizonte der Titan!

Die Mühlen sind die Zitherschläger
Beim Wassersturz im Felsengrund;
Im Wagen fährt mein Fackelträger
Hoch vor mir her am Himmelsrund!

Nun will ich singen überlaut
Vor allem Land, das grünt und blüht,
Es ist kein Thurm so hoch gebaut,
Darüberhin mein Sang nicht zieht!
So eine kühne Brücke schlagend,
Such' ich zu ihrem Ohr den Weg;
Betritt im Traum das Seelchen zagend
Des wilden Lärmers schwanken Steg?

Die Mitgift.

Ich ging am grünen Berge hin,
    wo sich der Weih im Aether wiegt
Und reisemüd der Sonnenstrahl
    ausruhend auf der Quelle liegt,
Wo wilde Rosen einsam blühn,
    die Föhre hoch den Gipfel kränzt
Und drüberhin noch eine Burg
    Von weißen Sommerwolken glänzt.

Und wie in solcher Weihezeit
    der Herr der Welt schon zu mir trat,
Erschien er jetzo in des Bergs
    Noch frisch ergrünter Eichensaat;
Der jungen Stämme schlanke Schaar
    umschwankte säuselnd seine Knie',
So groß und herrlich ging er her
    vor meiner regen Phantasie!

Sein Haupthaar war wie Morgengold
    und wallte gar so reich und schwer,
Und in den klaren Augen ruht'
    ein ätherblaues Liebesmeer;
Ein Regenbogen gürtete
    sein Kleid mit edler Farbenlust;
Er trug 'nen duftigen Blütenstrauß
    von jungen Linden an der Brust.

Es traf mich seiner Augen Licht
    wie wolkenlos ein Tag im Mai,
Und als er meinen Namen sprach,
    erhob mein Haupt ich stolz und frei.
Ich wuchs und rankte rasch empor,
    daß ich mir selbst ein Wunder schien,
Und wandelte mit leichtem Schritt
    an Gottes hoher Seite hin.

Und nun erzählte plaudernd ich
    dem Herrn mein irdisch Thun und Sein;
Doch alles dies besteht ja nur
    in dir, du gutes Kind, allein!
Aus vollem Herzen sprach ich drum
    von dir, von dir die ganze Zeit;
Er aber spiegelt' lächelnd sich
    in meiner frohen Seligkeit.

Dann trug ich ihm auch klagend vor,
    wie ich so sehr ein armes Blut,
Und bat darauf um Haus und Hof,
    um Tisch und Schrein, um Geld und Gut,
Um Garten, Feld und Rebenland,
    um eine ganze Heimat traut,
Darin ich dich empfangen könnt'
    als myrtenschöne Schleierbraut.

Es mußte doch einmal geschehn,
    drum schilt mich nicht und werd' nicht rot!
Hör' an, was mir der Herr für dich
    für eine wackre Mitgift bot!
Er sprach: „Zu wenig und zu viel
    hast du verlangt, mein lieber Sohn!
Drum thu' ich dir noch viel dazu
    und nehm' ein wenig auch davon.

Nicht Haus und Hof verleih' ich euch,
    doch meine ganze große Welt,
Darinnen ihr euch lieben könnt,
    wie's euren Herzen wohlgefällt;
Zwei jungen Seelen ist zu eng
    das größte Haus, sei's noch so weit;
Doch finden sie noch eben Raum
    in meiner Schöpfung Herrlichkeit.

Der ganze Lenz soll euer sein,
    so weit nur eine Blume blüht,
Doch nicht das allerkleinste Land,
    um das sich eine Hecke zieht.
Kein Prunkgetäfel geb' ich euch,
    kein Silberzeug, kein Kerzenlicht,
Weil sich ob Silberbronnenglanz
    Goldstern an Stern zum Kranze flicht.

Und Alles soll besonders blühn
    für euch und schöner, wo ihr geht,
Dieweil euch in mein Paradies
    ein eigen Pförtlein offen steht.
So führe deine junge Braut
    getrost in deine Wirtschaft ein,
Brautführer soll mein lieblichster
    und allerschönster Frühling sein!

Hofjungfer soll die Anmut sein
    bei deines Herzens Königin,
Ihr hübscher flinker Page sei
    ein immergrüner Jugendsinn!
Zum Haushofmeister geb ich euch
    ein unvergänglich Gottvertrau'n,
Es ist ein klug erfahrner Mann,
    und Felsen dürft ihr auf ihn bau'n!"

Ist unser Haus nicht gut bestellt
    und auserlesen das Gesind?
So zaudre nun nicht länger mehr
    und folge mir, du blödes Kind!
Ich glaub', auf deinen Wangen spielt
    vom Morgenrot ein Widerschein:
Sobald die Sonn' am Himmel steht,
    will ich als Freier bei dir sein.

Liebchen am Morgen.

Die Sonne fährt durchs Morgenthor
Goldfunkelnd über den Bergen,
Und wie zwei Veilchen im frühen Mai,
Zwei blaue Augen klar und frei,
Die lachen auf ihren Wegen
Geöffnet ihr entgegen.

Glück auf, mein Liebchen ist erwacht
Mit purpuroten Wangen!
Ihr Fenster glitzert im Morgenstrahl
Und alle Blumen in Garten und Thal
Erwarten sie mit Sehnen,
Die Aeuglein voller Thränen.

Es ist nichts Schöneres in der Welt,
Als diese grüne Erde,
Wenn man darauf ein Schätzlein hat,
Das still und innig, früh und spat,
Für einen lebt und blühet,
Ein heimlich Feuerlein, glühet.

Halloh, du später Jägersmann,
Was reibst du deine Augen?
Ich hab' die ganze Nacht geschwärmt
Und mich am Mondenschein gewärmt,
Und steige frisch und munter
Vom hohen Berg herunter.

Mein Mädchen durch den Garten geht
Und singt halblaute Weisen;
Mich dünkt, ich kenne der Lieder Ton,
Was gilt's, ich habe sie alle schon
Heut Nacht dort oben gesungen!
Sie sind herüber geklungen.

Himmelsleiter.

Müde saß ich in der Dämmrung
Von des Tages Lärm und Staube,
Eingelullt von Abendsäuseln,
Schlummernd in der Rebenlaube;
Da begann von Licht und Blumen
Gar ein seltsam schimmernd Weben
Und ein Spielen vor den Augen
Gleich dem Ranken gold'ner Reben.

Rote Rosen, weiße Rosen,
Primeln, Tulpen und Narzissen,
Sterne, Kelche hundertfarbig
Sah ich durch einander sprießen.
Purpur, Gold, Azur und Silber
Flimmerten in Wechseltönen,
Lila, Rosa, zartes Laubgrün
Mußten Glanz mit Glanz versöhnen.

O das war ein schöner Reigen,
Wie die Farben all' ihn tanzten,
Wie die Blütenstern' und Glocken
Kreisend sich in Beete pflanzten!
Aber in den Wundergarten
Senkte eine Jakobsleiter
Von zwei Strahlen sanft sich nieder
Aus zwei Sternen bläulich heiter!

Kleine blonde Liebesengel
Schwebten daran auf und nieder,
Stiegen in den blauen Himmel,
Kehrten in mein Herze wieder,
Weckten andre Engelknaben,
Welche träumend drinnen schliefen
Und darauf mit jenen spielend,
Kosend durch die Blumen liefen.

Und die aus dem Himmel kamen,
Wollten meines Herzens Kinder
Ringend mit sich aufwärts ziehen;
Aber diese auch nicht minder
Hielten stand und kämpften wacker
Bis sie jene bald umschlangen,
Hielten sie in meines Herzens
Beiden Kämmerlein gefangen.

Oben auf der Himmelsleiter
Eine klare Seele schwebte,
Die halb scheltend, halb mit Lächeln
Sie zurückzulocken strebte;
Doch es schien mir im Gefängnis
Ihnen leiblich zu gefallen,
Denn ich sah, der Herrin trotzend,
Bunt sie durch einanderwallen.

Und sie mußte sich bequemen,
Endlich selbst herabzusteigen,
Sah sich plötzlich bang umschlossen
Mitten in dem frohen Reigen.
Doch für all den Kinderjubel
Ward das Herz zu eng und nieder,
Klingend sprangen auf die Pforten,
Sprangen auf die Augenlider.

Sieh! da standest du, auf meine
Schläferaugen schweigsam schauend,
Vorgeneigt und unbefangen,
Auf den festen Schlaf vertrauend;
Wurdest rot und flohst vorüber,
Fast wie Schwalbenflügel summend
Und vergeblich dein Geheimnis
In der Dämmerung vermummend!

Fliehe nur, verrat'ne Seele,
Trostlos durch des Gartens Blüten!
Suche stärkre Zauberdrachen,
Deines Busens Schatz zu hüten!
Thöricht Kind! nun magst du immer
Dreifach deinen Mund verschließen,
Unerbittlich aus den Augen
Seh' ich Liebesengel grüßen!

Nixe im Grundquell.

Nun in dieser Frühlingszeit
Ist mein Herz ein klarer See,
Drin versank das letzte Leid,
Draus verflüchtigt sich das Weh.

Spielend meine Seele ruht,
Von der Sonne überhaucht,
Und mit Lieb' umschließt die Flut,
Was sich in dieselbe taucht.

Aber auf dem Grunde sprüht
Ueberdies ein Quell hervor,
Welcher heiß und perlend glüht
Durch die stille Flut empor.

Und im Quelle badest du,
Eine Nix' mit goldnem Haar;
Oben deckt den Zauber zu
Das Gewässer tief und klar.

Der Kirchenbesuch.

Wie ein Fischlein in dem Garn
Hat der Dom mich eingefangen,
Und da bin ich festgebannt,
Warum bin ich drein gegangen?
Ach, wie unter breiten Malven
Taubesprengt ein Röslein blitzt,
Zwischen guten Bürgerfrauen
Hier mein feines Liebchen sitzt!

Die Gemeinde schnarcht so sanft,
Wie das Laub im Walde rauschet,
Und der Bettler an der Thür'
Als ein Räuber guckt und lauschet;
Doch wie eines Bächleins Faden
Murmelnd durchs Gebüsche fließt,
So die lange dünne Predigt
Um die Pfeiler sich ergießt.

Eichenbäume, hoch und schlank,
All' die gotischen Pfeiler ragen;
Ein gewölbtes Blätterdach
Ihre krausen Aeste tragen;
Untenher spielt hin und wieder
Dämmerhaft ein Sonnenschein;
Wachend sind in dieser Stille
Nur mein Lieb und ich allein.

Zwischen uns webt sich ein Netz
Von des Lichts gebrochnem Strahle,
Drin der Taufstein, grün und rot,
Wandelt sich zur Blumenschale;
Ein geflügelt Knäblein flattert
Auf des Deckels altem Knauf,
Und es gehen uns im Busen
Auch der Sehnsucht Rosen auf.

Weit hinaus, ins Morgenland,
Komm, mein Kind, und laß uns fliegen,
Wo die Palmen schwanken am Meer
Und die sel'gen Inseln liegen,
Flutend um die große Sonne,
Grundlos tief die Himmel blau'n:
Angesichts der freien Wogen
Uns're Seelen frei zu trau'n!

Tagelied.

——

Du willst dich freventlich emanzipieren
Und aufstehn wider mich mit keckem Sinn,
Ein rotes Mützlein und die Zügel führen,
Du schöne kleine Jakobinerin?

Zur Politik nun auch dein Wörtlein sagen,
Die Spindel meidend in den Ratsaal fliehn?
Wohl gar mit weißer Hand die Trommel schlagen,
Wann einst wir gegen die Thrannen ziehn?

Berufest dich auf meine eignen Lehren
Von Freiheit, Gleichheit und von Menschenrecht?
O laß, mein Kind, mit Küssen dich bekehren,
Dies eine Mal errietest du mich schlecht!

Die Ketten all', von denen ich entbinden
Die Völker möchte, o Geliebte mein!
Als Blumenketten eng dir umzuwinden
Wird einzig nur mein Thun und Trachten sein.

Ich will dir einen festen Turm erbauen
Und drin ein Kämmerlein von Seide weich;
Da sollst du nur des Himmels Sterne schauen
Und mich, den Kerkermeister froh und reich!

Nie laß' ich dich dein langes Haar beschneiden,
Damit dein Denken um so kürzer sei;
So räch' ich an dem Weibe Simsons Leiden
Und bleibe ungeschoren, stark und frei!

So lang die lieben Nachtigallen schlagen,
Leb' ich in dir ein Stück Unendlichkeit;
Doch flieht die Nacht und wills auf Erden tagen,
Eil' ich für dich und mich zum Kampf der Zeit.

Die Begegnung.

Schon war die letzte Schwalbe fort
Und wohl seit manchen Tagen auch
Die letzte Rose abgedorrt,
Nach altem Erdenbrauch.

Es flimmerte der Buchenhain
Wie Rauschgold rot im Abendlicht;
Herbstsonne giebt gar sondern Schein,
Der in die Herzen sticht.

Ich traf sie da im Walde an,
Nach der allein mein Herz begehrt,
Mit Tuch und Hut weiß umgethan,
Von güldnem Schein verklärt.

Sie war allein; doch grüßt' ich sie
Verschüchtert kaum im Weitergehn,
Weil ich so feierlich sie nie,
So still und schön, gesehn.

Es blickt' aus ihrem Angesicht
Ein vornehm' etwas neu hervor,
Und ihrer Augen Veilchenlicht
Glomm hinter einem Flor.

Ein fremder Hirt, ein blasser, ging
Im Schatten dieser Huldgestalt;
Im Gurt ein silbern' Sichlein hing,
Das klang: ich schneide bald!

Es scheint mir ein Rival erwacht!
Sprach ich und schaut' ins Abendrot,
Bis es erlosch und bis die Nacht
Die dunkle Hand mir bot.

Trauerweide.

I.

Es schneit und eis't den ganzen Tag,
Der Frost erklirret scharf und blank,
Und wie ich mich gebärden mag —
Es liegt ein Mägdlein ernstlich krank.

Das Rosengärtlein ist verschneit,
Das blühte als ihr Angesicht,
Noch glimmt, wie aus der Ferne weit,
Der Augen mildes Sternenlicht.

Noch ziert den Mund ein blasses Rot
Und immer eines Kusses wert;
Sie läßt's geschehen, weil die Not
Die Menschenkinder beten lehrt.

„Ich lieb' auch deinen lieben Mund,
Lieb' beine Seele nicht allein —
Im Frühling wollen wir gesund
Und beide wieder fröhlich sein!"

„Ich lieb' auch beiner Füße Paar,
Wenn sie in Gras und Blumen gehn;
In einem Bächlein sommerklar
Will ich sie wieder baden sehn!"

„Auf dem besonnten Kieselgrund
Stehn sie wahrhaftig wie ein Turm,
Obgleich der Knöchel zartes Rund
Bedroht ein kleiner Wellensturm!"

Da scheint die Wintersonne bleich
Durchs Fenster in den stillen Raum,
Und auf dem Glase, Zweig an Zweig,
Erglänzt ein Trauerweidenbaum!

II.

Erde, du gedrängtes Meer
Unzähliger Gräberwogen,
Wie viele Schifflein kummerschwer
Hast du hinuntergezogen,
Hinab in die wellige grünende Flut,
Die reglos starrt und doch nie ruht!

Ich sah einen Nachen von Tannenholz,
Sechs Bretter von Blumen umwunden,
Drin lag eine Schifferin bleich und stolz,

Sie ist versunken, verschwunden!
Die Leiche fuhr so tief hinein,
Und oben blieb der schwere Stein!

Ich wandle wie Christ auf den Wellen frei,
Als die zagenden Jünger ihn riefen;
Ich senke mein Herz wie des Lotsen Blei
Hinab in die schweigenden Tiefen;
Ein schmales Gitter von feinem Gebein,
Das liegt dort unten und schließt es ein.

Die Trauerweide umhüllt mich dicht,
Rings fließt ihr Haar aufs Gelände,
Verstrickt mir die Füße mit Kettengewicht
Und bindet mir Arme und Hände:
Das ist jene Weide von Eis und Glas,
Hier steht sie und würgt mich im grünen Gras.

Die Entschwundene.

Es war ein heitres goldnes Jahr,
Nun rauscht das Laub im Sande,
Und als es noch im Knospen war,
Da ging sie noch im Lande.

Besehen hat sie Berg und Thal
Und uns'rer Ströme Wallen;
Es hat im jungen Sonnenstrahl
Ihr alles wohlgefallen.

Ich weiß in meinem Vaterland
Noch manchen Berg, o Liebe,
Noch manches Thal, das Hand in Hand
Uns zu durchwandern bliebe.

Noch manches schöne Thal kenn' ich
Voll dunkelgrüner Eichen; —
O fernes Herz, besinne dich
Und gib ein leises Zeichen!

Da eilte sie voll Freundlichkeit,
Die Heimat zu erlangen —
Doch irrend ist sie all zu weit
Und aus der Welt gegangen.

Scheiden und Meiden.

Ja, das ist der alte Kirchhof,
Der in blauer Flut sich spiegelt,
Offen steht sein morsches Gitter,
Niemand ist, der es verriegelt!
Hier der kleine Berg voll Rosen
Dicht und üppig aufgesprossen,
Drunter liegt die weiße Lilie,
Eine Sage schon, verschlossen.

Um die Sage, um ein Märchen,
Um den Tod hab' ich geworben,
Und so sei mein treues Hoffen
Fürhin tot und abgestorben!
Zitternd reiß' ich aus dem Busen
Noch die letzten zarten Blüten,
Gebe sie dem toten Liebchen
Bis zum jüngsten Tag zu hüten!

Schwarzer Gärtner, Grabespfleger,
Laß, o laß das Grab verwildern!
Seine wermutbittern Schauer
Soll kein Lenz mehr freundlich mildern!
Binde nicht mehr diese Zweige,
Tränke nicht mehr diese Rosen!
Und mit dem verdorrten Kranze
Mag der kalte Nordwind kosen!

Gegen Morgen, gegen Morgen
Schau' ich trotzig in die Sonne;
Wie erglänzt sie wild und feurig,
Lächelnd in Gewitterwonne!
Kühn gewappnet um die Heldin
Sich die Wetterwolken scharen,
Wie auf weitem Ozeane
Drohende Armaden fahren!

Vor mir liegt das rauhe Leben,
Schlägt die Zeit die hohen Wogen,
Kreis't die Welt mit ihren Welten,
Mutig bin ich ausgezogen;
Biete Stirn und Herz den Stürmen,
Lasse meine Wimpel wehen,
Und beim Kreuzen ruhlos denk' ich
Kaum noch an ein Wiedersehen!

Nachhall.

Sieh den Abendstern erblinken
Tief im Westen, schön und hell!
Lieblich ist und gut zu trinken
Dieser Nachtluft lauer Quell!

Komm' heraus, du junges Leben!
Komm', so leis dein Fuß dich trägt!
Recht in Lieb' und Traum zu schweben,
Wär' ich jetzund aufgelegt.

Und ich habe, dir zu Ehren,
Einen guten Freund gebracht;
Minnesang will der uns lehren
Durch die kurze Sommernacht.

Liebeslieder sollen schallen,
Die vor alten Zeiten schon
Schönen Frauen wohl gefallen,
Und er weis't uns ihren Ton!

Laß uns einmal rückwärts fliegen
In die Welt, so jugendfern!
Solcher Schwärmerei dich schmiegen,
Weiß ich, mochtest sonst du gern.

„Sie kommt nicht?" fragt mein Begleiter,
„Und schon wird es morgenrot?"
Wahr ist es! so sag' ich weiter,
Denn sie ist, wie du, schon tot!

Armer Ritter, laß uns gehen,
Hurtig such' dein kühles Haus,
Denn des Morgenwindes Wehen
Lacht uns große Kinder aus!

III.

Sonette.

M to U

Der Schulgenoß.

———

Wohin hat dich dein guter Stern gezogen,
O Schulgenoß aus erſten Knabenjahren?
Wie weit ſind auseinander wir gefahren
In unſern Schifflein auf des Lebens Wogen!

Wenn wir die Unterſten der Klaſſe waren,
Wie haben wir treuherzig uns betrogen,
Erfinderiſch und ſchwärm'riſch uns belogen
Von Abenturen, Liebſchaft und Gefahren!

Da ſeh' ich juſt, beim Schimmer der Laterne,
Wie mir gebückt, zerlumpt ein Vagabund
Mit einem Häſcher ſcheu vorübergeht —!

So alſo wendeten ſich unſre Sterne?
Und ſo hat es gewuchert unſer Pfund!
Du biſt ein Schelm geworden — ich Poet!

Vier Jugendfreunde.

I.

Du, der so lang im Herzen mich geborgen,
Mit allen meinen grämlichen Gebrechen,
Mit meinen hastig immer neuen Schwächen,
Mit allen meinen wunderlichen Sorgen,

Die Hand vergessend botest jeden Morgen,
Wenn ich die Nacht vorher mit blindem Stechen,
Mit ungerechtem oder bittrem Sprechen
Dir schnitt ins Herz, so treu und unverborgen;

Nicht um zu spähn nach Tadel oder Lobe,
Will ich dir diese Lieder übersenden,
Eh' unsre Jugendtage ganz erblassen:

Nein, nur zur letzten schwersten Freundesprobe!
Ich muß mich gegen deinen Glauben wenden —
Wirst du mich darum endlich doch verlassen?

II.

Ich sehe dich mit lässig sichrer Hand
Die Schulterlinien einer Göttin schreiben,
Dazu den Hohn um deine Lippen treiben:
„'s ist nichts dahinter!" oder „eitler Tand!"

Seh' dich zuhinterst an der Schenke Wand
Bis Mitternacht bei den Gesellen bleiben;
Dein Schwarzaug' sucht des Witzes breite Scheiben,
Jedoch dein schöner Mund des Bechers Rand.

Du schlenderst heim, ein leichtes Liedchen pfeifend,
Drückst in die Kissen deine dunklen Locken,
Bald steigt im Traum dir neuer Schwank empor.

Zeigt er dir mich, in wachen Träumen schweifend,
Begeistert über hundert Büchern hocken?
Schon schwirrt dein Traumgelächter mir im Ohr!

III.

Da liegt vor mir dein unglückfel'ger Brief,
Und weder Rat, noch Hülfe seh' ich winken;
Schwer ist das Aufsteh'n wohl nach solchem Sinken
Du aber, Freund, du sankest fast zu tief!

Der Lenz, der dich von Blum' zu Blume rief,
Erloschen ist jetzt seiner Sonne Blinken;
Den du so sinnlos hastig mußtest trinken,
Siehst du, was auf des Bechers Grunde schlief?

Ich aber steh' in Ohnmacht, in der Ferne,
Und fluch' der Kraft, die dich von mir getrieben
Die nur zu wirren weiß und nie zu lösen.

Am Ende preis' ich meine dürft'gen Sterne;
Im Guten träge und zu blöd' im Bösen,
Bin ich ein stilles Kind im Land geblieben!

IV.

Ans Fenster schlägt ein unerschöpfter Regen,
Her rauscht die Mitternacht auf feuchten Schwingen,
Und mit dem Dunkel muß das Lämplein ringen —
Wie bin ich müd', ich will zu Bett' mich legen!

Was sinn' ich noch zu meinem Abendsegen? —
In meinem Ohre summt ein leises Klingen
Und wiederhallet ein verscholl'nes Singen:
Mein denket Einer auf entfernten Wegen.

Bist du's, o Freund? Auch ich gedenke dein!
Sei mir gegrüßt im unsichtbaren Raume
Nach Jahren voll Vergessenheit und Leiden!

Bei unf'rer Jugend bleichem Sternenschein
Seh'n wir uns flüchtig fragend an im Traume,
Um wieder lang, auf immer wohl zu scheiden.

Ein früh Geschiedener.

———

Er war geschaffen, durch das All zu schweifen
Mit hellem Mute und gestählten Sinnen,
Zu lauschen, wo des Lebens Quellen rinnen,
Und forschend jeden Abgrund zu durchstreifen.

Hinaus, hinüber, wo die Palmen reifen,
Zog es ihn mächtig jeden Lenz von hinnen;
Von des Planeten höchsten Gletscherzinnen
Gelüftet's ihn, den Aether zu ergreifen.

Er blieb gefesselt an das tiefe Moor
Theologie, die Notdurft zu erwerben,
Im Nacken hart der Armut scharfe Klauen.

Da öffnet ihm der Tod das Sonnenthor,
Der Jüngling säumte nicht, das Licht zu schauen
Und jungfräulichen Geistes hier zu sterben.

Schein und Wirklichkeit.

I.

In Mittagsglut, auf des Gebirges Grat
Schlief unter alten Fichten müd' ich ein;
Ich schlief und träumte bis zum Abendschein
Von leerem Hoffen und verlorner That.

Schlaftrunken und verwirrt erwacht' ich spat;
Gerötet war ringsum Gebüsch und Stein,
Des Hochgebirges Eishaupt und Gebein,
Der Horizont ein sprühend Feuerrad.

Und rascher fühlt ich meine Pulse gehen,
Ich hielt die Glut für lichtes Morgenrot,
Erharrend nun der Sonne Auferstehen.

Doch Berg um Berg versank in Schlaf und Tod,
Die Nacht stieg auf mit frostig rauhem Wehen,
Und mit dem Mond des Herzens alte Not.

II.

So manchmal werd' ich irre an der Stunde,
An Tag und Jahr, ach, an der ganzen Zeit;
Es gährt und tost, doch mitten auf dem Grunde
Ist es so still, so kalt, so zugeschneit;

Habt ihr euch auf ein neues Jahr gefreut,
Die Zukunft preisend mit beredtem Munde?
Es rollt heran und schleudert, o wie weit!
Euch rückwärts. — Ihr versinkt im alten Schlunde.

Doch kann ich nie die Hoffnung ganz verlieren,
Sind auch noch viele Nächte zu durchträumen,
Zu schlafen, zu durchwachen, zu durchfrieren!

So wahr erzürnte Wasser müssen schäumen,
Muß, ob der tiefsten Nacht, Tag triumphieren,
Und sieh: Schon bricht es rot aus Wolkensäumen!

In der Stadt.

I.

Wo sich drei Gassen kreuzen, krumm und enge,
Drei Züge wallen plötzlich sich entgegen
Und schlingen sich, gehemmt auf ihren Wegen,
Zu einem Knäu'l und lärmenden Gedränge.

Die Wachtparad' mit gellen Trommelschlägen,
Ein Brautzug kommt mit Geigen und Gepränge,
Ein Leichenzug klagt seine Grabgesänge;
Das alles stockt, es kann kein Glied sich regen.

Verstummt sind Geiger, Pfaff' und Trommelschläger;
Der dicke Hauptmann flucht, daß Niemand weiche,
Gelächter schallet aus dem Freudenzug.

Doch oben, auf den Schultern schwarzer Träger
Starrt in der Mitte kalt und still die Leiche
Mit blinden Augen in den Wolkenflug.

II.

Was ist das für ein Schrei'n und Peitschenknallen?
Die Fenster zittern von der Hufe Klang,
Zwölf Rosse keuchen an dem straffen Strang,
Und Fuhrmannsflüche durch die Gasse schallen.

Der auf den freien Bergen ist gefallen,
Dem toten Waldeskönig gilt der Drang;
Da schleifen sie, wohl dreißig Ellen lang,
Die Rieseneiche durch die dumpfen Hallen.

Der Zug hält unter meinem Fenster an,
Denn es gebricht zum Wenden ihm an Raum;
Verwundert drängt sich alles Volk heran.

Sie weiden sich an der gebrochnen Kraft;
Da liegt entkrönt der tausendjähr'ge Baum,
Aus allen Wunden quillt der edle Saft.

Reformation.

Im Bauch der Pyramide tief begraben
In einer Mumie schwarzer Totenhand
War's, daß man alte Weizenkörner fand,
Die dort Jahrtausende geschlummert haben.

Und prüfend nahm man diese seltnen Gaben
Und warf sie in lebendig Ackerland,
Und siehe da! Die gold'ne Saat erstand,
Des Volkes Herz und Auge zu erlaben!

So blüht die Frucht dem späten Nachweltskinde,
Die mit den Ahnen schlief in Grabes Schoß;
Das Sterben ist ein endlos Auferste'n.

Wer hindert nun, daß wieder man entwinde
Der Kirche Mumienhand, was sie verschloß,
Das Korn des Wortes, neu es auszusä'n?

Von Kindern.

I.

Man merkte, daß der Wein geraten war:
Der alte Bettler wankte aus dem Thor,
Die Wangen glühend, wie ein Rosenflor,
Mutwillig flatterte sein Silberhaar.

Und vor und hinter ihm die Kinderschar
Umdrängt' ihn, wie ein Klein-Bacchantenchor,
D'raus ragte schwank der Selige empor,
Sich spiegelnd in den hundert Aeuglein klar.

Am Morgen, als die Kinderlein noch schliefen,
Von jungen Träumen drollig angelacht,
Sah man den braunen Wald von Silber triefen.

Es war ein Reif gefallen über Nacht;
Der alte lag erfroren in dem tiefen
Gebüsch, vom Rausch im Himmel aufgewacht.

II.

Die Abendsonne lag am Bergeshang,
Ich stieg hinan und auf den gold'nen Wegen
Kam weinend mir ein zartes Kind entgegen,
Das, mein nicht achtend, schreiend abwärts sprang.

Ums Haupt war duftig ihm ein Schein gelegen
Von Abendgold, das durch die Löcklein drang.
Ich sah ihm nach, bis ich den Gramgesang
Des Kleinen nur noch hörte aus den Hägen.

Zuletzt verstummte er; denn freundlich Kosen
Hört' ich den Schreihals liebevoll empfangen;
Dann tönt' empor der Jubelruf des Losen.

Ich aber bin vollends hinaufgegangen.
Wo oben blühten just die letzten Rosen,
Fern, wild und weh der Falken Stimmen klangen.

———

III.

Ich sah jüngst einen Schwarm von frischen Knaben,
Gekoppelt und gezäumt wie ein Zug Pferde;
Sie wieherten und scharrten an der Erde
Und thaten sonst, was Pferde an sich haben.

Und mehr noch; was sonst diesen ist Beschwerde
Das schien die Buben köstlich zu erlaben;
Denn lustig sah ich durch die Gasse traben
Auf einen Peitschenknall die ganze Herde.

Das Leitseil war in eines Knirpses Händen,
Der, klein und schwach, nicht sparte seine Hiebe
Und launisch das Gespann ließ gehn und wenden.

Wenn nur dies frühe Sinnbild nied'rer Triebe,
Anstatt mit schlimmer Wirklichkeit zu enden,
Einst mit den Kinderschuh'n verloren bliebe!

Jeder Schein trügt.

Ich weiß ein Haus, das ragt mit stolzen Zinnen,
Frei spielt das Licht in allen seinen Sälen,
Sein Giebel schimmert frei von allen Fehlen,
Kein Neider schilt's, nicht außen und nicht innen.

Nur wer es weiß mit Klugheit zu beginnen,
In seine Grundgewölbe sich zu stehlen,
Sieht üppig feuchten Moder dort verhehlen
Von dicken Schlangen wahre Königinnen.

Doch würde der sich auch betrogen haben,
Der rasch empor die Treppen wollte steigen,
Die Feinde mit der Kunde zu erlaben:

Denn tiefer noch, im allertiefsten Schweigen,
Da liegt ein ungehobner Schatz begraben,
Der niemals wird dem Tage wohl sich zeigen.

Winterabend.

Schneebleich lag eine Leiche und es trank
Bei ihr der Totenwächter unverdrossen,
Bis endlich ihm der Himmel aufgeschlossen
Und er berauscht zu ihr aufs Lager sank.

Von rotem Wein den Becher voll und blank
Bot er dem Toten; bald war übergossen
Das Grabgesicht und purpurn überflossen
Das Leichenhemd; so trieb er tollen Schwank.

Die trunken rote Sonne übergießt
Im Sinken dieses schneeverhüllte Land,
Daß Rosenschein von allen Hügeln fließt;

Von Purpur trieft der Erde Grabgewand,
Doch die verblaßte Leichenlippe thut
Erstarrt sich nimmer auf der roten Flut.

Nationalität.

Volkstum und Sprache sind das Jugendland,
Darin die Völker wachsen und gedeihen,
Das Mutterhaus, nach dem sie sehnend schreien,
Wenn sie verschlagen sind auf fremden Strand.

Doch manchmal werden sie zum Gängelband,
Sogar zur Kette um den Hals der Freien;
Dann treiben Längsterwachsne Spielereien,
Genarrt von der Tyrannen schlauer Hand.

Hier trenne sich der lang vereinte Strom!
Versiegend schwinde der im alten Staube,
Der andre breche sich ein neues Bette!

Denn einen Pontifer nur faßt der Dom,
Das ist die Freiheit, der polit'sche Glaube,
Der löst und bindet jede Seelenkette!

Eidgenossenschaft.

Wie ist denn einst der Diamant entstanden
Zu unzerstörlich alldurchdrungner Einheit,
Zu ungetrübter, strahlenheller Reinheit,
Gefestiget von unsichtbaren Banden?

Wenn aus der Völker Schwellen und Versanden
Ein Neues sich zu einem Ganzen einreiht,
Wenn Freiheitslieb' zum Volke dann es einweiht,
Wo Gleichgesinnte ihre Heimat fanden:

Wer will da wohl noch rütteln dran und feilen?
Zu spät, ihr Herrn! schon ist's ein Diamant,
Der nicht mehr ist zu trüben und zu teilen!

Und wenn, wie man im Edelstein erkannt,
Darin noch kleine dunkle Körper weilen,
So sind sie fest umschlossen und gebannt.

Alles oder nichts.

———

Ja, du bist frei, mein Volk, von Eisenketten,
Frei von der Hörigkeiten alter Schande;
Kein Hochgebor'ner schmiedet dir die Bande,
Und wie du liegen willst, darfst du dir betten!

Doch nicht kann dies dich vor der Herrschaft retten,
Die ohne Grenzen schleicht von Land zu Lande;
Ein grimmer Wolf in weichem Lammsgewande,
Schafft sie zum Lehn sich all' bewohnte Stätten.

Wenn du nicht völlig magst den Geist entbinden
Von ihres Dunstes tödlicher Umhüllung,
Nicht tapfer um der Seele Freiheit ringen:

So wird der Feind stets offne Thore finden,
All' deinem Werke rauben die Erfüllung,
Und jede Knechtschaft endlich wiederbringen!

Die Tellenschüsse.

Ob sie gescheh'n? Das ist hier nicht zu fragen,
Die Perle jeder Fabel ist der Sinn,
Das Mark der Wahrheit ruht hier frisch darin,
Der reife Kern von allen Völkersagen.

Es war der erste Schuß ein Alleswagen,
Kind, Leib und Gut, an köstlichen Gewinn:
„Blick' her, Tyrann! was ich nur hab' und bin,
Will ich beim ersten in die Schanze schlagen!

„Und du stehst leer und heillos, wie du bist,
Und lässest fühllos dir am Herzen rütteln,
Und spiegelst lächelnd dich in meinem Blut?

„Und immer: Nein? — Verlaufen ist die Frist!
Verflucht sei deines Hauptes ewig Schütteln!
O zweiter, heil'ger Schuß, nun triff mir gut!"

Auf die Motten.

Wo ist ein Volk, so frei von allen Plagen
Die andrer Völker traurig Erbteil sind,
Ein glücklicher nutznieß'risch Heldenkind,
Als unser Schweizervölklein zu erfragen?

„Und doch, wie fiebernd seine Pulse schlagen!
Für seiner Freiheit Ueberfülle blind,
Hascht übermütig es nach leerem Wind,
Wann enden seine undankbaren Klagen?"

So sprechen jene flink gelenken Motten,
Die so gemütlich in dem Rauchwerk nisten,
Dem warmen, köstlichen, und es zernagen.

„Nur eben Euch gilt es noch auszurotten
(So sprechen wir, die radikalen Christen),
Mit lindem Klopfen aus dem Pelz zu jagen!"

Die Hehler.

Ihr nennt uns Träumer, Schächer, blinde Thoren,
Wenn redlich wir die Möglichkeit erstreben!
Ja, eure Namen habt ihr uns gegeben,
So merket auf mit hochgehobnen Ohren!

Wir haben uns bescheidentlich erkoren,
Zu lichten dieses dornenvolle Leben;
Ihr laßt verschmachtend uns gen Himmel schweben,
Wo ihr schon lang das Bürgerrecht verloren!

Und wenn die Sterne uns geheim erzählen
Von neuem Leben und Unsterblichkeit,
Was geht das euch denn an zu dieser Zeit?

Braucht ihr darum gestohlnes Oel zu hehlen
Das unf'rer Tage Dämmerung erhellt,
Indes den Fuß ihr setzt auf diese Welt?

Die Goethe-Pedanten.
1845.

"Zur Ordnung, Anmut!" Tönt es immerdar.
Wer spricht von Ordnung, wo die Berge wanken?
Wer spricht von Anmut, während die Gedanken
Noch schutzlos irren mit zerrauftem Haar?

Noch kämpfen wir, durchringend Jahr um Jahr,
Noch thut uns not ein scharf, ob unschön Zanken;
Durch dieses Zeitenwaldes wirre Ranken
Lacht eine Zukunftsau' noch nicht uns klar.

Und Goethe ist ein Kleinod, das im Kriege
Man still vergräbt im sichersten Gewölbe,
Es bergend vor des rauhen Feindes Hand;

Doch ist der Feind verjagt, nach heißem Siege
Holt man erinnrungsfroh hervor dasselbe.
Und läßt es friedlich leuchten durch das Land.

An A. A. L. Follen.

1847.

—

Nimm diese Lieder, Lobgesang und Klagen,
Wie sie die bunte Jahreszeit gebracht!
Wie mir der Himmel wechselnd weint' und lacht',
Hab' ich die Lyra regellos geschlagen.

Im Sande knarrt der Freiheit goldner Wagen,
Es ist ein müßig Schreien Tag und Nacht;
Betäubt, verworren von der Zungenschlacht,
Zeigt sich der Beste schwach in diesen Tagen.

Uns mangelt des Gefühles edle Feinheit,
So Schwung und Schärfe leiht dem Schwert im Fechten,
Das hohe Wollen und des Herzens Reinheit.

Klar sind sich nur die Schlimmen und die Schlechten,
Sie suchen sich und scharen sich in Einheit,
Entsagend dumpf der Ehre und dem Rechten!

Clemens Brentano, Kerner und Genossen.

„Was sind das für possierliche Gesellen
In weißen Laken und mit Räucherpfannen?
Ob sie nach Schätzen graben? Geister bannen?
Sie lassen sonderbare Töne gellen!"

„Sahst du dem einen rotes Blut entquellen,
Indes dem andern große Thränen rannen?
Sie huschen sacht, gespensterhaft von dannen
Auf dieser Zeiten grundempörten Wellen."

„Auch scheinen Schild' und Schwerter sie zu tragen,
Von Holz und um die Stirn ein dürr Geflecht
Von Reisig, draus die feinsten Rosen ragen?"

Sie ziehen gen die Sonne ins Gefecht;
Poeten sind's, so laß sie ungeschlagen!
Denn solche, weißt du, haben immer Recht.

Herwegh.

Schäum' brausend auf! Wir haben lang gebürstet,
Du Goldpokal, nach einem jungen Wein,
Da traf in dir ein guter Jahrgang ein,
Wir haben was getrunken, was gebürstet!

Noch immer ragt Zwing-Uri hoch gefirstet,
Noch ist die Zeit ein stummer Totenschrein,
Der Schläfer harrt auf seinen Osterschein —
Zum Wecker bist vor Vielen du gefürstet!

Doch wenn nach Sturm der Friedensbogen lacht,
Wenn der Dämonen finstre Schar bezwungen,
Zurückgescheucht in ihres Ursprungs Nacht:

Dann soll dein Lied, das uns nur Sturm gesungen,
Erst voll erblühn in reicher Frühlingspracht:
Nur durch den Winter wird der Lenz errungen!

Zur Verständigung.

———

Du bist ein Schreier, bist ein frecher Prahler,
Ein Drescher mehr auf abgedroschnen Halmen,
Ein Räuchlein mehr in der Empörung Qualmen,
Ein Vielversprecher und ein Wenigzahler!"

Gemach, o du Philisterschwarm, du kahler!
Bei dir nicht such' und find' ich meine Palmen;
Säng' ich, ein David, dir die hehrsten Psalmen,
Sie däuchten durch dein Lob mir so viel schaler.

Ich geb' es zu, ich habe laut geschrieen,
Ein rauhes Echo von geweihtern Tönen,
Und nur die gute Sache mag mich tragen!

Doch ist's mein Herzblut, das ich ausgespieen,
Der Schlachtschrei, der beim Angriff muß erdröhnen,
Auf diesen folgt ein regelrechtes Schlagen!

Den Zweifellosen.

I.

Wer ohne Leid, der ist auch ohne Liebe,
Wer ohne Reu', der ist auch ohne Treu',
Und dem nur wird die Sonne wolkenfrei,
Der aus dem Dunkel ringt mit heißem Triebe.

Bei euch ist nichts, als lärmendes Geschiebe,
In wildem Tummel trollt ihr euch herbei,
Meßt aus und schließt den Zirkel sonder Scheu,
Als ob zu hoffen kein Kolumb mehr bliebe!

Euch ist der eigne Leichnam noch nicht klar,
Ihr kennet nicht den Wurm zu euren Füßen,
Des Halmes Leben nicht auf eurem Grab;

Und dennoch kränzt ihr schon mit Stroh das Haar,
Als Eintagsgötter stolz euch zu begrüßen —
Der Zweifel fehlt, der alte Wanderstab.

II.

Es ist nicht Selbstsucht und nicht Eitelkeit,
Was sehnend mir das Herz grabüber trägt;
Was mir die kühngeschwung'ne Brücke schlägt,
Ist wohl der Stolz, der mich vom Staub befreit.

Sie ist so eng, die grüne Erdenzeit,
Unendlich aber, was den Geist bewegt!
Wie wenig ist's, was ihr im Busen hegt,
Da ihr so satt hier, so vergnüglich seid!

Und wenn auch einst die Freiheit ist errungen,
Die Menschheit hoch wie eine Rose glüht,
Ihr tiefster Kelch vom Sonnenlicht durchdrungen:

Das Sehnen bleibt, das uns hinüberzieht,
Das Nachtigallenlied ist nicht verklungen,
Bei dessen Ton die Knospen sind erblüht!

Dankbares Leben.

Wie schön, wie schön ist dieses kurze Leben,
Wenn es eröffnet alle seine Quellen!
Die Tage gleichen klaren Silberwellen,
Die sich mit Macht zu überholen streben.

Was gestern freudig mocht' das Herz erheben,
Wir müssen's lächelnd heute rückwärts stellen;
Wenn die Erfahrungen des Geistes schwellen,
Erlebnisse gleich Blumen sie durchweben.

So mag man breiter stets den Strom erschauen,
Auch tiefer mälig sehn den Grund wir winken
Und lernen täglich mehr der Flut vertrauen.

Nun zierliche Geschirre, sie zu trinken,
Leiht, Götter! uns, und Marmor, um zu bauen
Den festen Damm zur Rechten und zur Linken!

Erkenntnis.

Willst du, o Herz! ein gutes Ziel erreichen,
Mußt du in eigner Angel schwebend ruhn;
Ein Thor versucht zu geh'n in fremden Schuh'n,
Nur mit sich selbst kann sich der Mann vergleichen!

Ein Thor, der aus des Nachbars Kinderstreichen
Sich Trost nimmt für das eigne schwache Thun,
Der immer um sich späht und lauscht und nun
Sich seinen Wert bestimmt nach falschen Zeichen!

Thu' frei und offen, was du nicht willst lassen,
Doch wandle streng auf selbstbeschränkten Wegen
Und lerne früh nur deine Fehler hassen!

Und ruhig geh' den anderen entgegen;
Kannst du dein Ich nun fest zusammenfassen,
Wird deine Kraft die fremde Kraft erregen.

Eitles Leben.

I.

„Geh' auf, o Sonn'! und öffne mir die weiten
Kryſtallnen Thore dieſer weiten Welt!
Mein Sinn iſt auf den goldnen Ruhm geſtellt,
Zu ihm ſollſt du mich unaufhaltſam leiten!

Nicht kann uns Hebe reinern' Trank bereiten,
Der lieblicher uns in die Seele quellt
Und froher, als der Ruhm, die Adern ſchwellt
Und ſichrer hilft den Abgrund überſchreiten!

Der Franen Gunſt vermag er zuzuwenden
Und macht uns leicht dereinſt das letzte Scheiden,
Da wir zur Hälfte nur das Daſein enden.

Er läutert beſſer, als die Glut der Leiden:
Wer wird, bekränzt, mit ungewaſch'nen Händen,
Mit Lorbeer und mit Staub zugleich ſich kleiden?"

II.

„Seid mir geſegnet, meiner Heimat Gründe,
Die in des Niederganges Röte ſtrahlen!
Glimmt mir die Liebe noch in dieſen Thalen,
An der ſich neu mein kaltes Herz entzünde?

Nun ſchließ' ich mit dir ewig feſte Bünde!
Kann ich mit einem größern Ruhme prahlen,
Der Nachwelt ſchöner alle Schulden zahlen,
Als wenn ich deine Treue laut verkünde?

Du wandelst still auf trauten Schattenwegen
Mit keines Schirm's bedürft'gem Schritt, du Reine!
O führe mich Ermüdeten und Trägen!

Und meinen Kranz sollst du in deinem Schreine
Zu abgelegtem Zeug und Bändern legen,
Daß nimmer er vor Augen mir erscheine!"

III.

Seht da den Vogel mit gerupften Schwingen!
Halb flattert er, halb läuft er hin zum Neste,
Sich einzubau'n in weicher Arme Veste,
Wohin kein rauhes Lüftchen mehr soll bringen!

Doch war er frech und mochte Ruhm erringen;
Sein Reisig grünt' und blühte schon aufs beste,
In seinen Schatten lud er stolz die Gäste
Und war so recht ein Thema zum Besingen.

Nur als den Zweig dem freien Feld er raubte,
Aus Luft und Licht, darin er aufgeschossen,
Und sachte mit sich zu salvieren glaubte:

Da war der Traum bald wie ein Schaum zerflossen;
Das Reis verdorrt', das schon so nett belaubte —
Nun zieht er ab, unfertig und verdrossen.

Kriege der Unfreien.

———

Du tapfres Volk in deinem Löwenzorn,
Wie kühn du schwingst dich über Zaun und Planken,
Voll Wut die Feinde greifft in deinen Flanken
Begeistert aus der Freiheit Feuerborn;

Ein Sankt Georg mit eingedrücktem Sporn
Sie all' zurückwirfft über ihre Schranken,
In großer Heldeneintracht sonder Wanken
Doch tief im Herzen lässest deinen Dorn:

Wie hoch wir um dein Heldenblut dich ehren,
Doch mahnst du uns an jenen närr'schen Tropf,
— Laß' dir's gesagt sein lachend und mit Zähren —

Der, als die Laus ihn biß in seinem Schopf,
Sich gegen solche Plackerei zu wehren,
Mit Ingrimm kratzte auf des Nachbars Kopf.

Nach dem Siege.

Laßt rot vor Scham erglühen eure Wangen,
Die ihr mit eurer Reime leerem Beten
Euch anschickt, vor ein tapfres Volk zu treten,
Das eben kommt von That und Sieg gegangen!

Des Trommlers Schlägel, die im Wirbel sprangen,
Der rauhste Tagruf gellender Trompeten,
Sie gelten jetzo mehr, ihr Nach-Propheten!
Als all' eu'r unnütz eitles Versefangen!

Der letzte schlichte Wächter vor dem Heere,
Der, Treu' und Pflicht im Herzen, hat getragen
In kalter Sternennacht die blanke Wehre,

Und jeder, der nur Einen Streich geschlagen,
Ist nun ein König von lebend'ger Ehre —
Was soll ihm unser Singen noch und Sagen?

IV.

Lebendig begraben.

Lebendig begraben.

I.

Wie poltert es! — Abscheuliches Geroll
Von Schutt und Erde, modernden Gebeinen!
Ich kann nicht lachen und kann auch nicht weinen,
Doch nimmt's mich wunder, wie das enden soll!

Nun wird es still. — Sie trollen sich nach Haus
Und lassen mich hier sieben Fuß tief liegen:
Nun, Phantasie! laß deine Adler fliegen,
Hier schwingen sie wohl nimmer mich hinaus!

Das ist jetzt eine wunderliche Zeit!
Im dunkeln Grab kein Regen und kein Rühren,
Indes der Geist als Holzwurm mag spazieren
Im Tannenholz — ist das die Ewigkeit?

Die Menschen sind ein lügnerisch Geschlecht
Und haben in das Grab hineingelogen,
Den ernsten Moder schnöd' mit mir betrogen —
Weh, daß die Lüge an sich selbst sich rächt!

Die Lügner gehn von hinnen ungestraft,
Ach, aber ich, die Lüge, muß bekleiben,
Daß sich der Tod ergrimmt an mir kann reiben,
In Tropfen trinkend meines Lebens Kraft!

II.

Da lieg' ich denn, ohnmächtiger Geselle
Ins Loch geworfen, wie ein Straßenheld,
Ein lärmender, von der Empörung Welle;
Ein blinder Maulwurf im zerwühlten Feld!

Wohlan, ich will, was kommen soll, erwarten,
Es ist am End' ein friedlich Wohnen hier;
Ich fühle nicht die Glieder, die erstarrten,
Doch heiter glimmt die stille Seele mir!

Hätt' ich nun einen ewigen Gedanken,
An dem man endlos sich erproben mag,
So möcht' ich liegen in den engen Schranken,
Behaglich sinnend bis zum jüngsten Tag.

Vielleicht, wer weiß, wüchs' er zu solcher Größe,
Daß er, in Kraft sich wandelnd, ein Bulkan,
Im Flammenausbruch dieses Grab erschlösse,
Vorleuchtend mir auf neuer Lebensbahn!

Wie wundersam, wenn über meinem Haupte
Der Abendtau die matten Blumen kühlt,
Ob wohl luftwandelnd dann der Pfarrherr glaubte,
Daß unter ihm ein Wetterleuchten spielt?

Daß glänzend in des eig'nen Lichtes Strahlen
Hier unten eine Menschenseele denkt?
Vielleicht sind dieses der Verdammung Qualen:
Geheim zu leuchten, ewiglich versenkt!

III.

Ha! was ist das? die Sehnen zucken wieder,
Wie Frühlingsbronn quillt neu erweckt das Blut!
Es dehnen sich die aufgetauten Glieder,
Und in der Brust schwillt junger Lebensmut!

Nun ist's gescheh'n, nun bricht herein der Jammer!
Die Späne knirschen unter dem Genick,
Ich messe tastend meine Totenkammer
Und messe aus mein grausiges Geschick!

Halt ein, o Wahnsinn! denn noch bin ich Meister
Und bleib' es bis zum letzten Odemzug!
So scharet euch, ihr armen Lebensgeister,
Treu um das Banner, das ich ehrlich trug!

So öffnet euch, krampfhaft geballte Fäuste,
Und faltet euch ergeben auf der Brust!
Wenn zehnfach mir die Qual das Herz umkreis'te,
Fest will ich bleiben, meiner selbst bewußt!

Von Erdendulbern ein verlorner Posten,
Will ich hier streiten an der Hölle Thor;
Den herbsten Kelch des Leidens will ich kosten,
Halt mir das Glas, o Seelentrost Humor!

———

IV.

Läg' ich, wo es Hyänen gibt, im Sand,
Wie wollt ich hoffnungsvoll die Nacht erharren,
Bis hungrig eine käme hergerannt,
Mich heulend aus der lockern Gruft zu scharren!

Wie wollt' ich freudig mit dem gier'gen Tier
Dann um mein Leben, unermüdlich, ringen!
Im Sande balgt' ich mich herum mit ihr,
Und weiß gewiß, ich würde sie bezwingen.

Und auf den Rücken schwäng' die Bestie ich
Und spräng' im Leichentuch, wie neugeboren,
Und singend heimwärts und schlüg' wonniglich
Dem Arzt den Leichengräber um die Ohren!

V.

Horch! Stimmen und Geschrei, doch kaum zu hören;
Dumpf und verworren tönt es, wie von Ferne,
Und ich erkenne, die allnächtlich stören
Der Toten Schlaf, den stillen Gang der Sterne:

Der trunk'ne Küster, aus der Schenke kommen,
Setzt sich noch in den Mondschein vor dem Hause,
Kräht einen Psalm; doch kaum hat sie's vernommen,
So stürzt sein Weib hervor, daß sie ihn zause,

Heißt ihn hinein gehn und beschilt ihn grimmig,
Hell kräht und unverdrossen der Geselle;
So mischen sich geübt und doppelstimmig
Ihr Katzmiaulen und sein Mondsgebelle.

Sie muß ganz nah sein, da ich es kann hören,
Die überkomm'ne alte Pfründerhöhle;
Laß sehn, ob das Gesindel ist zu stören:
Schrei was du kannst, o du vergrab'ne Seele!

Die Thür schlägt zu — der Lärm hat sich verloren,
Es hülfe nichts, wenn ich zu Tod mich riefe!
Sie stopfen furchtsam ihre breiten Ohren
Vor jedem Ruf des Lebens aus der Tiefe.

VI.

Als endlich sie den Sarg hier abgesetzt,
Den Deckel hoben noch zu guter letzt,
In jenem Augenblick hab' ich gesehn,
Wie just die Sonne schied im Untergehn.

Beleuchtet von dem abendroten Strahl
Sah ich all' die Gesichter noch ein Mal,
Den Turmknopf oben in der goldnen Ruh —
Es war ein Blitz, sie schlossen wieder zu.

Ich sah auch zwischen Auf- und Niederschlag,
Wie Märzenschnee rings auf den Gräbern lag;
Das Wetter muß seither gebrochen sein,
Denn feucht bringt es in diesen leichten Schrein.

Ich hör' ein Knistern, wie wenn sacht und leis
Sich Schollen lösen von des Winters Eis;
Ich ärmster Lenzfreund bin ja auch erwacht
Und kann nicht regen mich in dunkler Nacht!

Wie jeglich Samenkorn sich mächtig dehnt,
Der junge Halm ans warme Licht sich sehnt,
So reck' ich den gefangnen, meinen Leib,
Doch ist's ein fruchtlos grimmer Zeitvertreib!

Hört man nicht klopfen laut da obenwärts
Hier mein zum Blühen so bereites Herz?
Sie wissen nicht, wie es da unten thut,
Und keine Wünschelrute zeigt dies Blut!

Käm' auch geschlichen so von ungefähr
Ein alter Schatz- und Quellengräber her,
Sein Stäblein, nur auf Geld und Gut gericht'
Es spürt' das warme rote Brünnlein nicht.

VII.

Horch — endlich zittert es durch meine Bretter!
Was für ein zauberhaft metallner Klang,
Was ist das für ein unterirdisch Wetter,
Das mir erschütternd in die Ohren drang?

Jach unterbrach es meine bangen Klagen,
Ich lauschte zählend, still, fast hoffnungsvoll:
Eilf — zwölf — wahrhaftig es hat zwölf geschlagen,
Das war die Turmuhr, die so dröhnend scholl!

Es ist die große Glock', das Kind der Lüfte,
Das klingt ins tiefste Fundament herab,
Bahnt sich den Weg durch Mauern und durch Grüfte
Und singt sein Lied in mein verlaff'nes Grab.

Gewiß sind jetzt die Dächer warm beschienen
Vom sonnigen Lenz, vom lichten Aetherblau!
Nun kräuselt sich der Rauch aus den Kaminen,
Die Leute lockend von der grünen Au'.

Was höhnst du mich, du Glockenlied, im Grabe,
Du Rufer in des Herrgotts Speisesaal!
Mahnst ungebeten, daß ich Hunger habe
Und nicht kann hin zum ärmlich stillen Mahl? —

VIII.

Da hab' ich gar die Rose aufgegessen,
Die sie mir in die starre Hand gegeben!
Daß ich noch einmal würde Rosen essen,
Hätt' nimmer ich geglaubt in meinem Leben!

Ich möcht' nur wissen, ob es eine rote,
Ob eine weiße Rose das gewesen?
Gib täglich uns, o Herr! von deinem Brote,
Und wenn du willst, erlös' uns von dem Bösen!

———

IX.

Zwölf hat's geschlagen — warum denn Mittag?
Vielleicht der Mitternacht ja galt der Schlag,
Daß oben nun des Himmels Sterne gehn,
Ich weiß es nicht und kann es ja nicht sehn!

Ha, Mitternacht! Ein heller Hoffnungsstrahl!
Der nächtlich wohl schon manches Grab bestahl,
Der Totengräber schleicht vielleicht herbei
Und macht erschrocken mich Lebend'gen frei!

Doch was für Kleinod sollt' er suchen hier?
Er weiß zu gut, er findet nichts bei mir!
Ein golden Ringlein nun erlöste mich,
Jedoch umsonst ist nur der Tod für dich!

X.

Ja, hätt' ich ein verlaff'nes Liebchen nun,
Das vor dem Morgenrot zu klagen käme,
Auf meinem frischen Pfühle auszuruhn,
Und meinen Ruf mit süßem Grau'n vernähme!

Warum hab' ich der Einen nicht gesagt,
Daß junge Liebe mir im Herzen sproffe?
Ich zauderte und hab' es nicht gewagt —
Die Krankheit kam und diese tolle Poffe!

Wenn einsam sie vielleicht und ungeliebt,
Nachdenklich manchmal ihre Augen senkt,
O wüßte sie dann, daß ein Herz es gibt,
Das, unterm Rasen schlagend, an sie denkt!

XI.

Wie herrlich wär's, zerschnittner Tannenbaum,
Du ragtest als ein schlanker Mast empor,
Bewimpelt, in den blauen Himmelsraum,
Vor einem sonnig heitern Hafenthor!

Da, müffen wir einmal beisammen sein,
Lehnt' ich an dir im schwanken Segelhaus;
Du aus dem Schwarzwald, drüben ich vom Rhein,
Kamraden, reif'ten wir aufs Meer hinaus.

Und bräch' das Schiff zu Splittern auseinand',
Geborsten du und über Bord gefällt,
Umfaßt' ich dich mit eisenfester Hand,
So schwämmen beide wir ans End' der Welt.

Am besten wär's, du ständest hoch und frei
Im Tannenwald, das Haupt voll Vogelsang,
Ich aber schlenderte an dir vorbei,
Wohin ich wollt', den grünen Berg entlang!

———

XII.

Der erste Tannenbaum, den ich gesehn,
Das war ein Weihnachtsbaum im Kerzenschimmer;
Noch seh' ich lieblich glimmend vor mir stehn
Das grüne Wunder im erhellten Zimmer.

Da war ich täglich mit dem Frühsten wach,
Den Zweigen gläubig ihren Schmuck zu rauben;
Doch als die letzte süße Frucht ich brach,
Ging es zugleich an meinen Wunderglauben.

Dann aber, als im Lenz zum ersten Mal
In einen Nadelwald ich mich verirrte,
Mich durch die hohen stillen Säulen stahl,
Bis sich der Hain zu jungem Schlag entwirrte:

O Freudigkeit! wie ich da ungesehn
In einem Forst von Weihnachtsbäumchen spielte,
Dicht um mein Haar ihr zartes Wipfelwehn,
Das überragend mir den Scheitel kühlte.

Ein kleiner Riese in dem kleinen Tann,
Sah ich vergnügt, wo Weihnachtsbäume sprießen
Ich packte keck ein winzig Tännlein an
Und bog es mächtig ringend mir zu Füßen.

Und über mir war nichts als blauer Raum;
Doch als ich mich dicht an die Erde schmiegte,
Sah unten ich durch dünner Stämmchen Saum,
Wie Land und See im Silberduft sich wiegte.

Wie ich so lag, da rauscht' und stob's herbei,
Daß mir der Lufthauch durch die Locken sauste,
Und aus der Höh' schoß senkrecht her der Weih,
Daß seiner Schwingen Schlag im Ohr mir brau'te.

Als schwebend er nah ob dem Haupt mir stand,
Funkelt' sein Aug' gleich dunkeln Edelsteinen;
Zu äußerst an der Flügel dünnem Rand
Sah ich die Sonne durch die Kiele scheinen.

Auf meinem Angesicht sein Schatten ruht'
Und ließ die glühen Wangen mir erkalten —
Ob welchem Inderfürst von heißem Blut
Ward solch' ein Sonnenschirm emporgehalten?

Wie ich so lag, erschaut' ich plötzlich nah,
Wie eine Eidechs mit neugier'gem Blicke
Vom nächsten Zweig ins Aug' mir niedersah,
Wie in die Flut ein Kind auf schwanker Brücke.

Nie hab' ich mehr solch guten Blick gesehn
Und so lebendig ruhig, fein und glühend;
Hellgrün war sie, ich sah den Odem gehn
In zarter Brust, blaß wie ein Röschen blühend.

Ob sie mein blaues Auge niederzog?
Sie ließ vom Zweig sich auf die Stirn mir nieder
Schritt abwärts, bis sie um den Hals mir bog,
Ein fein Geschmeide, ruhend ihre Glieder.

Ich hielt mich reglos und mit lindem Druck
Fühlt' ich den leisen Puls am Halse schlagen;
Das war der einzige und schönste Schmuck,
Den ich in meinem Leben je getragen!

Damals war ich ein kleiner Pantheist
Und ruhte selig in den jungen Bäumen;
Doch nimmer ahnte mir zu jener Frist
Daß in den Stämmchen solche Bretter keimen!

XIII.

Der schönste Tannenbaum, den ich gesehn,
Das war ein Freiheitsbaum von sechszig Ellen,
Am Schützenfest, im Wipfel Purpurwehn,
Aus seinem Stamme flossen klare Wellen.

Vier Röhren gossen den lebend'gen Quell
In die granitgehau'ne runde Schale;
Die braunen Schützen drängten sich zur Stell'
Und schwenkten ihre silbernen Pokale.

Unübersehbar schwoll die Menschenflut,
Von allen Enden schallten Männerchöre;
Vom Himmelszelt floß Julisonnenglut,
Erglüh'nd ob meines Vaterlandes Ehre.

Dicht im Gedräng, dort an des Beckens Rand
Sang laut ich mit, ein fünfzehnjähr'ger Junge;
Mir gegenüber an dem Brunnen stand
Ein zierlich Mädchen von roman'scher Zunge.

Sie kam aus der Grisonen letztem Thal,
Trug Alpenrosen in den schwarzen Flechten
Und füllte ihres Vaters Siegpokal,
Drin schien ihr Aug' gleich Sommersternennächten.

Sie ließ in kindlich unbefang'ner Ruh
Vom hellen Quell den Becher überfließen,
Sah drin dem Widerspiel der Sonne zu,
Bis ihr gefiel, den vollen auszugießen.

Dann mich gewahrend, warf sie wohlgemut
Aus ihrem Haar ein Röslein in den Bronnen,
Erregt' im Wasser eine Wellenflut,
Bis ich erfreut den Blumengruß gewonnen.

Ich fühlte da die junge Freiheitsluft,
Des Vaterlandes Lieb' im Herzen keimen;
Es wogt' und rauscht' in meiner Knabenbrust
Wie Frühlingssturm in hohen Tannenbäumen.

————

XIV.

Und wieder schlägt's — ein Viertel erst und Zwölfe!
Ein Viertelstündchen erst, daß Gott mir helfe,
Verging, seit ich mich wieder regen kann!
Ich träumte daß schon mancher Tag verrann!

Doch bin ich frei, das Weh hat sich gewendet,
Der seine Strahlen durch das Weltall sendet,
Er löst auch Zeit und Raum in diesem Schrein —
Ich bin allein und dennoch nicht allein!

Getrennt bin ich von meinem herben Leiden,
Und wie ein Meer, von dem ich mich will scheiden,
Laß' brausen ich mein siedend heißes Blut
Und steh' am Ufer als ein Mann von Mut.

So toset nur, ihr ungetreuen Wogen,
Lange genug bin ich mit euch gezogen!
Ich überfing' euch, wie ein Ferg' am Strand,
Und tausch' euch an ein gutes Heimatland!

Schon seh' ich schimmernd fließen Zeit in Zeiten,
Verlieren sich in unbegrenzte Weiten
Gefilde, Bergeshöhen, Wolkenflug:
Die Ewigkeit in Einem Atemzug!

Der letzte Hauch ein wallend' Meer von Leben,
Wo fliehend die Gedanken mir entschweben!
Fahr' hin, o Selbst! vergängliches Idol,
Wer du auch bist, leb' wohl du, fahre wohl!

V.

Feuer-Idylle.

I.

Laut stürmt der Schall der Glocken durch die Nacht,
Und Schüsse dröhnen von des Berges Wacht;
In allen Gassen tönt's: es brennt! es brennt!
Und jeder angstvoll an sein Fenster rennt.

Der erste Blick: ist es in unserm Haus?
Der zweite mindert schon den Schreck und Graus,
Wenn weit, o weit die „furchtbar schöne" Glut
Behaglich dort am fernen Himmel ruht.

Nun strömt der Neugier Bächlein ungehemmt,
Und ungewaschen wohl und ungekämmt,
Der ohne Strümpfe, jener ohne Schuh',
Läuft alles dem willkomm'nen Schauspiel zu.

Und manchem ehrlichen Philister bangt,
Es könnte enden, eh' er angelangt;
Auch der Poet, er watschelt mit hinaus
Und sendet seinen Kennerblick voraus.

Da wallt vom Berg mit ungebrochnem Lauf
Die rote Lohe hell zum Himmel auf;
Von Feuerlilien ein gewalt'ger Strauß,
So blüht und glüht das große Bauernhaus.

Es ist die allerschönste Maiennacht,
Von Gold durchwirkt, tiefblau der Himmel lacht;
Eng zwischen Gärten ganz im Frühlingsflor
Zu Feuers Hofstatt führt der Weg empor.

Da sitzt der helle Geist auf seinem Raub
Und macht den morschen Kram zu Asch' und Staub;
Umsonst belästigt ihn der Menschenschwarm,
Er wehrt ihn ruhig ab mit glüh'ndem Arm.

Es brennt der Hof dem reichen Bauersmann,
Der nie genug seh'n und erraffen kann;
Längst hat der Sohn ein neues Haus begehrt,
Wogegen sich der Alte stets gewehrt.

Nun steht er da und schlottert jämmerlich,
Weiß nicht zu raten noch zu helfen sich;
Doch alle sind in guter Sicherheit,
Kein Nachbarhaus gefährdet weit und breit.

Drum laß uns keck ein wenig näher geh'n,
Die heiße Wirtschaft besser zu beseh'n,
Zu lesen in des Feuers Angesicht
Und was es heimlich mit den Sternen spricht!

II.

Von Holz und Reisig eine hohe Wand
Seit langen Jahren um die Schenne stand;
Schon vieles macht' Verwitt'rung unbrauchbar,
Doch jeder Herbst bringt neue Lasten dar.

Der letzte Winter brachte große Not,
Und manche arme Wittwe frierend bot
Ihr armes Geld dem Mann für wenig Holz,
Er gab's nicht her in seinem Bauernstolz.

Nnn flammt es auf in wildem Funkenflug
Mit Scheun' und Stall, Pferd, Wagen, Vieh und Pflug;
Die armen Weiber steh'n und schau'n es an
Und wärmen lächelnd ihre Hände dran.

Dies Lächeln mag die bleichste Blume sein,
Die zieren wird des Mannes Totenschrein. —
Weh' dem, der solchen Blütenflor gesät,
Wenn einst die Saat in reifen Früchten steht!

III.

Von alter Zeit her war des Hauses Wand
Von wuchernd dichtem Epheu überspannt;
Den liebt' der Bauer, sonst so liebeleer,
Weil er so gierig, alt und zäh, wie Er!

Nnn brennt das dunkle Unkraut lichterloh
Und flackert in der Luft wie leichtes Stroh;
Wer glaubte, daß der alte, schwere Kranz
So lustig hielte seinen Totentanz?

Oho, was fliegt für Ungeziefer aus?
In ganzen Schwärmen flieht die Fledermaus!
Kreuzspinnen, Käfer, was da kriechen mag,
Erlebt im Feuer seinen jüngsten Tag.

Was von Gespenstern und von Koboldsbrut,
Von alten Sünden auf dem Hause ruht,
Und was es sonst für Spuk und Sagen gab,
Brennt mit den dicken Epheuranken ab.

Was mag wohl schimmern dort, und, seh' ich recht?
Was löst sich aus dem brennenden Geflecht
Und poltert da zu meinen Füßen her?
Ein tüchtig Kruzifix von Silber schwer!

Einst riß der Ahn, es sind dreihundert Jahr',
Das Bild als Bilderstürmer vom Altar;
Es blieb im grünen Rankenwerk versteckt,
Nun endlich hat's das Feuer aufgedeckt.

Zwar munkelt man, daß in verschloff'ner Brust
Die Enkel jederzeit davon gewußt:
Sie hätten's nächtlich auf den Tisch gesetzt
Und sich an dem Geflunker oft ergötzt.

Eins thut mir leid: manch' zierlich Schwalbennest
Hing traulich in den wirren Ranken fest;
Wenn nun die liebe Schwalbe wiederkehrt,
So findet sie ihr kleines Haus verheert.

Doch tröste dich, o Böglein altvertraut,
Ist erst der neue Giebel aufgebaut,
G'nug Winkel noch und Ecken findest du,
Daran du bauen kannst in guter Ruh!

IV.

Da ist ein Buch, geschwärzt und halb verbrannt,
Wonach der Mann in Todesangst gesandt;
Ein Jüngling wagte dran sein junges Blut
Und trug's mit kecken Händen aus der Glut.

Und gierig stürzt der Mann sich auf das Buch
Und — wirft es weg mit einem derben Fluch;
Sein dickes Schuldnerbuch hat er gemeint,
Nun liegt die Bibel vor dem guten Freund!

Wie arg und undankbar ist diese Welt!
Wie schmählich nun der alte Mann sich stellt!
Erinnert ihn die Bibel nicht mehr dran,
Wie gütlich er sich oft an ihr gethan?

Wenn er am Sonntagabend vor ihr saß
Und schmunzelnd dann von dem Kamele las,
Dem Nadelöhre und dem Himmelreich,
Wie ward ihm das Gemüt da froh und weich!

Wie manchen Bettler, hungerig und matt,
Macht' er mit schönen Bibelsprüchen satt,
Beteuernd hoch und feierlich dabei
Daß dies das wahre Brot des Lebens sei!

Nun liegt das alte Buch zertreten hier,
Im Feuer blieb der Spangen Silberzier,
Zerriss'nen Angesichtes liegt im Kot
Das einst so hochgepries'ne Lebensbrot.

V.

Und Einer kommt und raunt mit trübem Mut,
Wie rettungslos ein königliches Blut,
Indes das Haus in Rauch und Schutt verfliegt,
Tief unter ihm in schnöden Banden liegt.

Goldfarbner Löwe, seufzt der edle Wein,
Seit Jahr und Tag im dunklen Eichenschrein,
Und ob ihm trampelte der geiz'ge Wicht,
Ließ keinen Tropfen an das Tageslicht.

Wenn still der Sonnenschein das Haus umfing
Und singend ein Gesell vorüberging,
Ein fröhlich Dürstender mit warmem Blut,
Dann wallt' es unten auf mit süßer Wut:

O laßt mich an des Tages heitern Blick,
Ich bring' euch Freiheit, Freude, Lieb' und Glück!
Laßt schäumend mich entgegensprühn dem Lied,
Das aus der frohen Menschenkehle zieht!

Umsonst verhieß er reichen Minnelohn,
Gefesselt blieb der goldne Sonnensohn;
Nicht wahr, ihr Alle, die ihr Herrscher heißt,
Es ruht sich wohl auf unterdrücktem Geist?

Nun wankt und stürzt das morsche Sündenhaus,
Doch unter seinen Trümmern atmet aus,
Vergessen, was so lang das Licht gesucht. —
Heil unsrer jungen Reben süßer Frucht!

———

VI.

Ein Apfelbaum in voller Blüte steht,
Ein leichter West in seinen Zweigen weht;
Er schaut, verklärt vom blendend roten Schein,
Verwundert in den wilden Brand hinein.

Es ist, als ob der helle Glanz ihn freut',
Weil Blütenblätter in die Glut er streut;
Er atmet ein des Feuers heißen Hauch,
Durch seine Krone zieht der schwarze Ranch.

Da plötzlich langt herüber aus dem Brand
In seine Aeste tief die Flammenhand,
Zu Kohlen brennt der schöne Blütenbaum —
Hin ist ein dichterlicher Lebenstraum!

———

VII.

Dort gegen Westen, traulich unterm Dach
Liegt froh und abgeschieden das Gemach,
Das sich des Hauses Töchter jederzeit
Zu ihrem Allerheiligsten geweiht.

Es ist ein eng und niedrig Kämmerlein
Mit runden Scheiben und uraltem Schrein,
Drin Putz und Mädchenkleinod aller Art,
In buntbemaltem Schachtelwerk verwahrt.

Am Fenster steht das Spinnrad und davor
Auf einem Brett der lang gehegte Flor,
Levkojen, Nelken, Rosen ohne End',
Und wie man all das lose Zeug benennt.

Manch nächtlich Lied hat hier hinaufgetönt
Und jene Fensterchen sind dran gewöhnt,
Geräuschlos blinkend, heimlich aufzugeh'n,
Geöffnet halbe Nächte durch zu steh'n.

Und manche Leiter wurde aufgetürmt,
Die stille Liebeswarte kühn gestürmt;
Ob stets das Rosengitter widerstand,
Gehört zu den Geheimnissen im Land.

Auch jetzt ist eine Leiter angelegt,
Die einen Schwarm berußter Männer trägt;
Im roten Mantel stürmet in die Thür
Ein Freiersman mit flammendem Panier.

Und vor ihm fährt ein Knäuel, wirr und kraus
Erschreckter Liebesgötter fliehend aus;
Das flattert irrend in der Frühlingsluft,
Auch riecht es, wie verbrannten Ambers Duft.

Das ganze Fenstergärtlein stürzt herab
Und find't in einer Höllenglut sein Grab;
So ging's den Gärten der Semiramis
Und ging es noch mit jedem Paradies.

VIII.

Welch' lieblich Wunder nimmt mein Auge wahr?
Dort fließt ein Brünnlein, gar so frisch und klar,
Ein holzgeschnitzter Meergott gießt den Trank
In eine ausgehöhlte Eichenbank!

Der Westwind hat die Glut herangeweht,
Der alte Gott in vollen Flammen steht,
Und aus der Feuersäule quillt der Schwall,
Des Wasserstrahls lebendiger Krystall!

Wie fröhlich tönt der schöne Silberstrang,
Gleich jenem Kleeblatt, das im Feuer sang!
Du klares Leben, ew'ger Wellenschlag,
Was sendet aus der Tiefe dich zu Tag?

Ich glaubt', ein Brunnenhaus sei feuerfest,
Nun ist ein Häuflein Kohlen hier der Rest!
Die Quelle aber rieselt frisch und rein
Auch über Kohlen in die Welt hinein.

Wer weiß, wie lange schon der Bergquell springt?
Wer weiß, wie lang er noch zum Lichte dringt?
Auf, schnitzelt einen neuen Brunnenmann,
Der wieder hundert Jahr ihn fassen kann!

IX.

Zu loben ist der Männer kühner Mut,
Womit sie ringen. aus der Feuersglut
Zu retten, was man irgend retten kann,
Doch ist nicht redenswert, was man gewann.

Das Beste ist ein alter Totenkranz,
Erinnerung an froher Jugend Glanz,
An den, wie ein verstummter Harfenton,
In voller Hoffnung früh verblichnen Sohn.

Mit welken Blättern liegt er in der Au,
Und auf ihn fällt der kühle Maientau;
Die blassen Bänder wehn im Morgenwind,
Daneben fröstelnd wacht ein schwaches Kind.

Wie leicht und dürr der alte Kranz mag sein,
Man wird ihm wieder eine Stelle weihn
Im neuen Bau, hoch an der Stubenwand,
Als des Vergang'nen letztem leichten Pfand.

Da wird er still aufs junge Leben seh'n
Und dieses ehrend ihm vorübergeh'n,
Bis,' was einst grün war, endlich ganz zerstiebt
Und man den nackten Reif dem Feuer gibt.

X.

Die Flamm' ist tot, der Krater ist verglüht,
Die Himmelsrose drüber aufgeblüht;
Sie glänzt auf Asche, wo die Wohnung stand,
Verschwunden ist das morsche Werk der Hand.

Woran der Mensch ruhlos die Hände legt,
Und was er diebisch scheu zusammen trägt:
Hin ist nun alles, was nach Richt' und Maß
Gefügt, gebunden auf einander saß.

Doch ihr erglänzet mir unwandelbar,
Ihr Morgenlande, wonniglich und klar!
Ihr Berg' und Thäler rings im Knospendrang,
Voll Quellenrauschen und voll Vogelsang!

O Ueberfülle, die zum Lichte schwillt,
O Blütenwirbel, der da überquillt
Und überwuchert, wo die tote Hand
Mit ihrer Spanne mißt das reiche Land.

Das ist die Nachhut, die den Rücken deckt;
Drum auf zum Werke, Menschheit, unerschreckt!
Bau' auf, reiß nieder und bau' wieder auf:
Das Jahr geht immer seinen Segenslauf!

VI.

Rhein- und Nachbarlieder.

Am Vorderrhein.

Wie ahnungsvoll er ausgezogen,
Der junge Held, aus Kluft und Stein!
Wie hat er durstig eingesogen
Die Milch des Berges, frisch und rein!
Nun wallt der Hirtensohn hernieder,
Hin in mein zweites Heimatland:
O grüß' mir all' die deutschen Brüder,
Die herrlichen, längs deinem Strand!

So grüß' auch all' die deutschen Frauen
Und lerne ritterlichen Brauch;
Und wenn du wirst die Dome schauen,
Die krausen Käuze, grüß' sie auch!
Sonst wüßt' ich niemand just zu grüßen,
Vielleicht die schlimme Lorelei
Und beiner Reben freudig Sprießen —
Den Vierzigen geh' still vorbei!

Es taucht ein Aar ins Wolkenlose
Hoch über mir im Sonnenschein;
Ich werfe eine Alpenrose
Tief unten in den wilden Rhein:
Führ' nieder sie, führ' sie zu Thale,
Und eh' du trittst zum Meeresthor,
Den Vettern halt', im Eichensaale,
Den harrenden, dies Zeichen vor!

Via mala!

Wie einst die Tochter Pharaos
Im grünen Schilf des Niles ging,
Deß Auge hell, verwundrungsgroß
An ihren dunkeln Augen hing;
Wie sie ihr Haupt, das goldumreifte,
Sehnsüchtig leicht flutüber bog,
Um ihren Fuß das Wasser schweifte
Und silberne Ringe zog:

So seh' ich dich, du träum'risch Kind,
Am abendlichen Rheine stehn,
Wo seine schönsten Borde sind
Und seine grünsten Wellen geh'n.
Schwarz sind dein Aug' und deine Haare
Und deine Magd, die Sonne flicht
Darüber eine wunderbare
Krone von Abendlicht.

Ich aber wandle im Gestein
Und wolkenhoch auf schmalem Steg,
Im Abgrund schäumt der weiße Rhein
Und via mala heißt mein Weg!
Dir gilt das Tosen in den Klüften,
Nach dir schreit dieses Tannenweh'n,
Bis hoch aus kalten Eiseslüften
Die Waffer jenseits niedergeh'n!

Gegenüber.

Da rauscht das grüne Wogenband
Des Rheines Wald und Au' entlang:
Jenseits mein lieb Badenserland,
Und hier schon Schweizerfelsenhang.

Da zieht er hin, aus tiefer Brust
Mit langsam stolzem Odemzug,
Und über ihm spielt Sonnenlust
Und Eichenrauschen, Falkenflug.

Kein Schloß, kein Dom ist in der Näh',
Nur Wälder schauen in die Flut!
Von Deutschland schwimmt ein fliehend' Reh
Herüber, wo es auch nicht ruht.

Und in der Stromeseinsamkeit
Vergeß' ich all' den alten Span,
Versenke den verjährten Streit
Und hebe hell zu singen an:

„Wohl mir, daß ich dich endlich fand,
Du stiller Ort am alten Rhein,
Wo ungestört und ungekannt
Ich Schweizer darf und Deutscher sein!

„Wo ich hinüber rufen mag,
Was freudig mir das Herz bewegt,
Und wo der klare Wellenschlag
Den Widerhall zurück mir trägt!

„O steigt zum Himmel, Lied und Wort!
Schwebt jubelnd ob dem tiefen Rhein!
Hier ist ein stiller Freiheitsport
Und hier wie dorten schweigt der Hain!"

Da raschelt's drüben, und der Scherg,
Zweifarbig, reckt das Ohr herein —
Ich fliehe rasch hinan den Berg,
Ade, du stiller Ort am Rhein!

Vier Jahreszeiten.

Und wieder grünt der schöne Mai,
O dreimal selige Zeit!
Wie flog die Schwalbe froh herbei,
Als ob ich mitgeflogen sei,
War mir das Herz so weit!

O linde Luft im fremden Land,
Auf Bergen und Gefild!
Wie reizend fand ich diesen Strand,
Allwo mein suchend Auge fand
Ihr leichthinwandelnd Bild!

Ich sah des Sommers helle Glut
Empörtes Land durchzieh'n;
Sie stritten um das höchste Gut,
Geschlagen muß das freiste Blut
Aus hundert Wunden flieh'n.

Kaum hört' ich in verliebter Ruh
Der schwülen Stürme Weh'n;
Ich wandte mich den Blumen zu
Und sprach: Vielleicht, mein Herz, wirst du
Ein and'res Herz ersteh'n!

Die Traube schwoll so frisch und blank
Und ich nahm beiderlei:
Mit ihrem Gruß den jungen Trank —
Und als die letzte Traube sank,
Da war der Traum vorbei.

Doch jene, die zur Sommerszeit
Der Freiheit nachgejagt,
Sie schwanden mit der Schwalbe weit,
Sie liegen im Friedhof eingeschneit,
Wo trüb der Nachtwind klagt.

An Frau Ida Freiligrath.

Albumblatt von 1846.

So ist es doch betrübt zu klagen,
Wenn deutsche Mütter den Rhein hinab,
Hinab und über des Meeres Grab
Die zarten Wickelkindlein tragen
Nach freier Länder Gestaden hin,
Indes die Männer auf weiten Wegen,
Getrennt, bekümmert zum Ziele fliehn!
Ich streue meinen leichten Segen,
Fast trauernd, in dein Frauenherz;
Fahr' glücklich denn rheinniederwärts

Und finde Leut' in allen Reichen,
Die gute Milch dem Kindlein reichen,
Und auf den Schiffen, wenn es schreit,
Ein Publikum, das ihm verzeiht!
Des Reimes wegen, als ein Schweizer,
Wünsch' ich dir einen nüchternen Heizer,
Der da vorsichtig, sanft und lind
Das Schiff dich tragen läßt mit dem Kind.
Ich wünsche, daß alles, was sehenswert,
Die schönste Seite zu dir kehrt,
Vor deinen Fuß frisch Rasengrün,
Dem Auge freundlicher Sterne Glühn,
In deine Hände weißes Brot
Und alle Tag Morgen- und Abendrot!
Derweil sei deinem Mann der Wein
Allüberall süß, stark und rein!

Und weil die Guten dieser Erden
Noch lange Tage wandern werden,
So mache die Ferne das Herz euch satt
Mit allem Besten, was sie hat!
Sie fülle freundlich euch die Truh
Und geb' euch leichte Sorgen am Tag,
Des Abends Nachtigallenschlag,
Zur Nachtzeit aber die goldene Ruh;
Des Sommers Frucht, des Frühlings Zier
In England immer vom besten Bier,
Den Fisch im Wasser, den Vogel der Luft,
Nur keinen Boden zu einer Gruft;
Denn in der Heimat sollt ihr sterben
Und euern Kindern die Freiheit vererben!

Stein- und Holz-Reden.

Auf Lüneburger Haide,
Da steht der alte Stein,
Daneben die alte Eiche,
Sie mag wohl tausendjährig sein.

Gesellen ziehn vorüber
Im Lenz mit frischem Sang;
Sie singen von deutscher Freiheit,
In heller Luft verhallt der Klang.

Da spricht der Stein zur Eiche,
Als wacht' er auf vom Traum:
„Ging nicht vorbei die Freiheit?
Wach' auf, wach' auf, du deutscher Baum!"

Und durch des Baumes Krone,
Da fährt ein Windesbraus,
Die moosigen Aeste schlagen
In tausend jungen Augen aus!

Da spricht zum alten Steine
Der frisch ergrünte Baum:
„Klang nicht das Lied der Einheit?
Wie, oder war's des Windes Traum?"

Die Sänger sind gezogen
Fernhin durchs Haidekraut.
Die Eiche hat ihnen von oben
Gar lang und traurig nachgeschaut.

Den letzten Ton in Lüften
Hat sie verhallen gehört,
Dann hat sie rauschend die Aeste
Vom welken Laub im Zorn geleert.

„Nun will ich wieder schlafen,"
Spricht sie zum alten Stein,
„Du wunderlicher Träumer
Sollst mir nun einmal stille sein!"

Beim Rheinwein.

1847.

Aller Sonnenschein,
Der einen Sommer lang
Längs dem schönen Rhein
Sich um die Berge schlang,
Breitet heute aus dem Wein zumal,
Seine Glorie durch den weiten Saal.

In dem Scheine steigt
Es auf wie Rebenhöh'n;
Ob dem Zauber schweigt
Der Gläser hell Getön,
Und der selbstvergeff'ne Zecher lauscht,
Wie der Strom in seinen Ohren rauscht.

Und im Morgenschein
Durch die Gestade hin
Sieht den hellen Rhein
Er sich vorüberzieh'n,
Und ein Binsenkörbchen trägt die Flut,
Drin das Moseskind der Deutschen ruht.

Scharf am Felsenriff
Bricht sich der Morgenwind,
O gebrechlich Schiff,
O du verlaff'nes Kind!
Keine Königstochter badet heut,
Die dir schützend ihre Hände beut!

Nur die Liebe wacht
Und folgt am Uferhang,
Und ihr Auge lacht
Auf dich die Fahrt entlang,
Liebe, die das Heldenkind gebar,
Die der Freiheit reine Mutter war.

Bis die Zeit entfloh,
Wo du einst wiederkehrst
Und den Pharao
Vor Gott erbeben lehrst,
Wirst ein starker, kluger Moses sein —
O wie lang noch fließt der grüne Rhein?

Wien.

1848.

Stadt der Freude, Stadt der Töne,
Morgenfrohes, stolzes Wien,
Dessen frühlingsheitre Söhne
Nun der Freiheit Rosen ziehn:
Ja, wir haben uns versündigt,
Als wir grollten deiner Lust,
Deinem Jauchzen, das verkündigt
Eine starke, tiefe Brust!

Auf den zauberischen Wogen,
Deutscher Tänze schwebteft du;
Wetter kamen schwül gezogen,
Schelmisch logst du üppige Ruh.
Eisgrau saßen tote Wächter
Vor dem klangerfüllten Haus —
Sieh', da sand'st du edle Fechter
Singend in das Frührot aus!

Mit den Flöten, mit den Geigen,
Mit Posaunen hell voran
Führe vorwärts deinen Reigen
Auf der morgenroten Bahn!
Ein Mal noch durch deutsche Lande
Führ' ein deutsches Kaiserbild,
Reich zu schau'n im Goldgewande,
Und wir grüßen fromm und mild!

Dieser Traum wird auch verwehen
Und am alten Sternenzelt
Endlich unter die Sterne gehen
Zu der toten Götterwelt;
Und wo flimmernd Schwan und Leier
Und das Bild des Kreuzes sprüh'n,
Wird dereinst im stillen Feuer
Karoli magni Krone glüh'n!

Aber dann in tausend Wiegen,
Hier in Gold und dort in Holz,
Wird der junge Kaiser liegen,
Freier Mütter Ruhm und Stolz,
Wird als Hirt auf Blumenauen,
Im Gebirg' als Jäger geh'n,
Auf des Meerschiffs schwanken Tauen
Als ein braver Seemann steh'n!

Die Schifferin auf dem Neckar.

1849.

I.

Wir standen an rauschender, schwellender Flut,
Wir sieben Gesellen mit brausendem Blut,
Entzündet vom Weine, von Lied und von Lust,
Hol' über! ertönt es aus jauchzender Brust.

Da kam eine Schifferin rüstig heran,
Sie faßte das Ruder und wandte den Kahn;
Wir sprangen mit Mutwill und Lachen hinein,
Fast war der gebrechliche Nachen zu klein.

So stieß sie vom Land in die Wogen hinaus,
Die Mitte des Stromes war weißlich und kraus;
Wir brachten mit Schaukeln das Schifflein in Not,
Doch ruhig und aufrecht regiert' sie das Boot.

Mit Schmeicheln und Scherzen belagerten wir
Die wehrlose Maid, und es hingen an ihr
Die glänzenden Blicke, doch ihnen vorbei
Schaut' sie auf die Wasser so kühl und so frei.

Zuletzt in den Lüften entbrannte die Lust,
Zu stehlen der Jungfrau das Tuch von der Brust,
Und Augen und Worte wie Wellen und Wind,
Sie gaben zu schaffen dem kämpfenden Kind.

Und siegreich erreicht' sie den anderen Strand
Und ließ uns mit fliegendem Busen ans Land!
Gewendet den Nachen, schon kehrt' sie zurück,
Fuhr über das Wasser mit ruhigem Blick.

II.

Es ringen die Ströme gewaltig zu Thal,
Die Deutschen nach Einheit mit Feder und Stahl;
Der Neckar erreichet den wallenden Rhein,
Doch ewig muß deutsche Zerrissenheit sein.

Die feindlichen Stämme, sie stritten im Land,
Die Preußen, die Baiern, die Hessen zu Hand
Verfochten mit blutiger Mühe den Thron,
Die Badischen sind gegen Süden gefloh'n.

Am Strand blieb ein Häuflein Rebellen zurück,
Die finden zum Flieh'n weder Furten noch Brück',
Vom Rotweine trinken die Neige sie noch
Und bringen voll Wut ihrem Hecker ein Hoch.

Da kracht es vom Walde, da blinkt es vom Berg,
Es flüchtet der Fischer, es birgt sich der Ferg;
Ja blickt nur, ihr wilden Gesellen, euch an!
Wohl ist es um euere Köpfe gethan!

Schon schimmert durch Bäume der Helm und der Speer,
Es fliegt der Husar auf der Straße daher;
Die Schifferin drüben steht einsam am Bord,
Schon schwenkt sie das Ruder, schon ist sie am Ort.

Sie springen mit bleichen Gesichtern hinein,
Fast ist der gebrechliche Nachen zu klein;
Mit Männern und Waffen zum Sinken beschwert,
Hat sie schon das Schiff in die Fluten gekehrt.

Das ist eine düst're Gesellschaft im Boot,
Wie Blut weht am Hute die Feder so rot,
Zerrissen die Bluse, geschwärzt das Gesicht,
In den Augen flackert das Totenlicht!

Ein dürftiges Fähnlein im Winde sich rollt,
Aus schlechtem Kattun, das ist schwarz rot und gold;
So treibt auf den Wellen der schwankende Kahn,
Die Schifferin sucht ihm die rettende Bahn.

Und wie sie die Mitte des Flusses erreicht,
Schon Kugel auf Kugel das Wasser bestreicht;
Sie schlagen ins Ruder, sie schlagen ins Schiff,
Es schweift um die Ohren der gräuliche Pfiff.

Da recken die Bursche sich fluchend empor,
Und schnell fährt der schlummernde Blitz aus dem Rohr;
Sie stemmen den Fuß auf den schwebenden Rand
Und laden und senden die Kugeln ans Land.

Es rieselt im Nachen die purpurne Flut,
Die Schifferin steht in dem tanzenden Blut;
Scharf streift ihr der Tod an den Brüsten vorbei,
Das Aug' hängt am Ziele nur sicher und frei.

Schon führt sie zerschossene Leichen an Bord,
Und bleicher nur kämpfen die Lebenden fort;
Das Fähnlein verschwindet und flattert aufs neu',
Fest steht nur die Jungfrau und steuert getreu.

Und endlich gewinnt sie die schützende Bucht,
In Hohlwegen bergen die letzten die Flucht;
Wo nächtliche Diebe und Wilderer geh'n,
Verliert sich des Deutschpaniers klagendes Wehn.

Die Maid aber legt jetzt das Ruder zur Ruh
Und drückt ihren Toten die Augen zu.
Sie ziehet den schwimmenden Sarg auf den Sand
Und setzt ihren Fuß auf den blutigen Rand.

Da hat doch ihr Herz ein Erbeben gefaßt,
Da erst sind die rosigen Wangen erblaßt;
Das ruhvolle, kühle, das klare Gemüt
Hat Ein Mal in zitternden Flammen geglüht!

Der Gemsjäger.
1849.

Er kam, ein alter Jägersmann,
Herab an uns'rer Ströme Flut,
Er hatte kurze Hosen an
Und trug 'nen spitzen Jägerhut.

Er ging so ernst, er sah so schlicht,
Wie seiner Joppe graues Tuch;
Aus seinem Mund ging das Gerücht
Von manchem guten Waidmannsspruch.

„In seiner Tasche", dachten wir,
„Birgt er gewiß aus Alpenkraut
Für altes Leid das Elixir,
In hoher Einsamkeit gebraut.

„Und wachsam, recht nach Jägerart,
Späht rings sein scharfes Aug' herum,
Und seine sich're Kugel wahrt
Vor Feinden unser Heiligtum!"

Wir holten ihn mit Kränzen ein
Und führten ihn mit frohem Mut
In unser neues Haus hinein,
Und ernsthaft zog er seinen Hut.

Nun sitzt er drin, der Spaß ist aus,
Verriegelt ist die neue Thür,
Und aus dem totenstillen Haus
Blinzt nur des Jägers Rohr herfür!

———

Rheinbilder.

———

I.

Das Thal.

Mit dem grauen Felsensaal
Und der Hand voll Eichen
Kann das ruhevolle Thal
Hundert andern gleichen.

Kommt der Strom mit seinem Ruhm
Und den stolzen Wogen
Durch das stille Heiligtum
Prächtig hergezogen,

Und auf einmal lacht es jetzt
Hell im klarsten Scheine,
Und dies Liederschwälbchen netzt
Seine Brust im Rheine!

———

II.

Stilleben.

Durch Bäume bringt ein leiser Ton,
Die Fluten hört man rauschen schon,
Da zieht er her die breite Bahn,
Ein altes Städtlein hängt daran.

Mit Türmen, Linden, Burg und Thor,
Mit Rathaus, Markt und Kirchenchor;
So schwimmt denn auf dem grünen Rhein
Der goldne Nachmittag herein.

Im Erkerhäuschen ben Dechant
Sieht man, den Römer in der Hand,
Und über ihm sehr stille steht
Das Fähnlein, da kein Lüftchen geht.

Wie still! nur auf der Klosterau
Keift fernhin eine alte Frau;
Im kühlen Schatten neben dran
Dumpf donnert's auf der Kegelbahn.

———

III.

Frühgesicht.

Es donnert über der Pfaffengass'
Des weiland heil'gen römischen Reiches
Wie Gottes Heerschild jähen Streiches;
Der Morgen dämmert rosig blaß.

Und wie der Schlag weithin verhallt,
Wogt eine graue Nebelmasse,
Als zög' ein Heervolk seine Straße,
Das auf den Wassern endlos wallt.

Im Zwielicht raget Dom an Dom,
An allen Fenstern lauscht's verstohlen;
Doch auf gedankenleichten Sohlen
Vorüber eilt der Schattenstrom.

Das rauscht und tauschet Hand und Kuß,
Der Sturmhauch rührt verjährte Fahnen
Wie neues Hoffen, altes Mahnen,
Erschauernd wie ein Geistergruß.

Was brav und mannhaft ist, vereint
Zieht es, den letzten Streit zu schlagen;
Er klirrt zu Fuß, zu Roß und Wagen,
Zum Freunde wird der alte Feind,
Und neben Siegfried reitet Hagen.

VII.

Sonnwende und Entsagen.

Ich hab' in kalten Wintertagen.

Ich hab' in kalten Wintertagen,
In dunkler hoffnungsarmer Zeit
Ganz aus dem Sinne dich geschlagen,
O Trugbild der Unsterblichkeit,

Nun, da der Sommer glüht und glänzet,
Nun seh' ich, daß ich wohl gethan;
Ich habe neu das Herz umkränzet,
Im Grabe aber ruht der Wahn.

Ich fahre auf dem klaren Strome,
Er rinnt mir kühlend durch die Hand;
Ich schau' hinauf zum blauen Dome —
Und such' kein beßres Vaterland.

Nun erst versteh' ich, die da blühet,
O Lilie, deinen stillen Gruß,
Ich weiß, wie hell die Flamme glühet,
Daß ich gleich dir vergehen muß!

Die Zeit geht nicht.

Die Zeit geht nicht, sie stehet still,
Wir ziehen durch sie hin;
Sie ist ein Karavanserai,
Wir sind die Pilger drin.

Ein Etwas, form- und farbenlos,
Das nur Gestalt gewinnt,
Wo ihr drin auf und nieder taucht.
Bis wieder ihr zerrinnt

Es blitzt ein Tropfen Morgentau
Im Strahl des Sonnenlichts;
Ein Tag kann eine Perle sein
Und ein Jahrhundert nichts.

Es ist ein weißes Pergament
Die Zeit, und jeder schreibt
Mit seinem roten Blut darauf,
Bis ihn der Strom vertreibt.

An dich, du wunderbare Welt,
Du Schönheit ohne End',
Auch ich schreib' meinen Liebesbrief
Auf dieses Pergament.

Froh bin ich, daß ich aufgeblüht
In deinem runden Kranz;
Zum Dank trüb' ich die Quelle nicht
Und lobe deinen Glanz.

Siehst du den Stern.

Siehst du den Stern im fernsten Blau,
Der flimmernd fast erbleicht?
Sein Licht braucht eine Ewigkeit,
Bis es dein Aug' erreicht!

Vielleicht vor tausend Jahren schon
Zu Asche stob der Stern;
Und doch steht dort sein milder Schein
Noch immer still und fern.

Dem Wesen solchen Scheines gleicht,
Der ist und doch nicht ist,
O Lieb', dein anmutvolles Sein,
Wenn du gestorben bist!

Wir wähnten lange recht zu leben.

Wir wähnten lange recht zu leben,
Doch fingen wir es thöricht an;
Die Tage ließen wir entschweben
Und dachten nicht ans End' der Bahn!

Nun haben wir das Blatt gewendet
Und frisch dem Tod ins Aug' geschaut;
Kein ungewisses Ziel mehr blendet,
Doch grüner scheint uns Busch und Kraut!

Und wärmer ward's in unsern Herzen,
Es zeugt's der froh geword'ne Mund;
Doch unsern Liedern, unsern Scherzen
Liegt auch des Scheidens Ernst zu Grund!

Rosenglaube.

Dich zieret dein Glauben, mein rosiges Kind,
Und glänzt dir so schön im Gesichte!
Es preiset dein Hoffen, so selig und lind,
Den Schöpfer im ewigen Lichte!
So loben die tauigen Blumen im Hag
Die Wahrheit, die ernst sie erworben:
So lange die Rose zu denken vermag,
Ist niemals ein Gärtner gestorben!

Die Rose, die Rose, sie duftet so hold,
Ihr dünkt so unendlich der Morgen!
Sie blüht dem ergrauenden Gärtner zum Sold,
Der schaut sie mit ahnenden Sorgen.
Der gestern des eigenen Lenzes noch pflag,
Sieht heut' schon die Blüte verdorben —
Doch seit eine Rose zu denken vermag,
Ist niemals ein Gärtner gestorben.

Drum schimmert so stolz der vergängliche Tau
Der Nacht auf den bebenden Blättern;
Es schwanket und flüstert die Lilienfrau,
Die Vögelein jubeln und schmettern!
Drum feiert der Garten den festlichen Tag
Mit Flöten und feinen Theorben:
So lange die Rose zu denken vermag,
Ist niemals ein Gärtner gestorben!

Die Gräber.

Zwei Gräber waren auf der Heide,
Von Immortellen ganz bedeckt,
Ein schönes Weib mit schwerem Leide
Lag auf dem einen hingestreckt;
Das andre hielt mit bittern Thränen
Ein trauervoller Mann bewacht,
Und beide sah'n mit Liebessehnen
Hinauf zur hellen Frühlingsnacht.

„In jenen heil'gen Aetherfernen
Harrt nun die liebste Seele mein,
Bald werd' ich unter goldnen Sternen
Auf ewig, ewig bei Ihm sein!
Als einen Hauch und Seufzer zähle
Ich noch die kurze Spanne Zeit;
Dann aber sind so Lieb' wie Seele
Ganz der Unendlichkeit geweiht!"

„„O kreiset rascher, träge Sonnen!
Und löset dieses Leibes Bann,
Daß ich befreit in neuen Wonnen
Mein selig Liebchen finden kann!
Heil mir! Ich will sie wiedersehen!
Und ob auch Stern um Stern zerbricht,
In Ewigkeit wird nie vergehen
Zwei treuer Seelen Bund und Licht!"“

So riefen Weib und Mann, so beide,
Ganz in den eignen Gram gebannt;
Sie sah'n sich nicht auf dunkler Heide,
Die Blicke himmelwärts gewandt.
So trauerten sie, bis der Morgen
Erröten hieß der Wolken Schar,
Im Aetherblau das Gold verborgen
Und lichter Tag auf Erden war.

Da rafften sie sich auf und gingen
Entlang das schimmernde Gefild,
Bis plötzlich ihre Augen hingen,
Eins an des Andern schönem Bild.
Und eh' der junge Tag, der warme,
Die letzten Thränen weggeküßt,
Schon fielen lächelnd in die Arme
Sich beide, Leid in Lust gebüßt.

Der Enkel Trupp mit festen Händen
Auf selber Heid' im Sonnenschein
Sieht pflügen man und singend wenden
Ein längst verschollenes Gebein.
Sie decken rasch, was sie gefunden,
Mit jungen Saaten, im Gemüt
Leis ahnend, daß die eignen Stunden
Aus diesem Tode nur erblüht!

Wochenpredigt.

In heißem Glanz liegt die Natur,
Die Ernte lagert auf·der Flur;
In langen Reih'n die Sichel blinkt,
Mit leisem Geräusch die Aehre sinkt.

Doch hinter jenen grünen Matten,
In seines Kirchleins kühlem Schatten
Geborgen vor dem Stich der Sonne,
Da steht das Pfäfflein der Gemeine,
Auf diesem, dann auf jenem Beine,
In seiner alten Predigertonne
Hoch an dem Pfeiler grau und fest,
Dem Kranich gleich in seinem Nest.

Schwarz glänzt das kurzgeschorne Haar
Wie Röslein blüht das Wangenpaar;
Nur etwas schläfrig blinzen nieder
Die Aeuglein durch die fetten Lider,
Weil er sich seiner Wochenpredigt
Mit ziemlich saurer Müh' entledigt.
So spricht er von dem ewigen Leben,
Das nach dem Tod es werde geben:
Wie man auch da noch müsse ringen
Und immer weiter vorwärts bringen,
Und nie von Handel und Wandel frei,
Bis man zuletzt vollkommen sei;
Von einem Stern zum andern hüpfen
Und endlich in den Urquell schlüpfen.

Doch unten in des Kirchleins Tiefen
Die Hörer auf den Bänken schliefen.
Sie waren alle hoch an Jahren,
Mit weißen oder gar keinen Haaren,
Ganz klingeldürre Frau'n und Greise,
Gebeugt von ihrer langen Reise;
So lehnten sie an ihren Krücken
Mit lebensmüdem sanften Nicken.
Sie hatten gelebt und hatten gestritten,
Erde gegraben und Garben geschnitten
Bürden getragen und Freuden gehabt,
Und, wenn sie gedürstet, sich gelabt.
Sie hatten nicht ihr Leben verfehlt,
Kein Genie und keine Tugend verhehlt,
Auch keine Schwänke unterlassen,
Wen's konnten bei der Nase fassen,
Den haben sie gar fest ergriffen,
Und ihn mit Freuden ausgepfiffen,
Nicht immer bezahlt, was sie geborgt,
Und fleißig doch für Erben gesorgt.

Die Predigt schweigt, sie sind erwacht,
Die Kirchenthür wird aufgemacht,
Und leuchtend bricht der grüne Schein
Der Bäume in die Dämmrung ein.
Die Alten stehen mühsam auf
Und setzen sich gemach in Lauf
Und schleichen seltsam kreuz und quer
Zwischen den Gräbern hin und her.
Sie setzen sich auf die Leichensteine
Und reiben ihre kranken Beine,
Sie hüsteln, spucken aus und lachen
Und sprechen bewußtlos kindische Sachen,
Sie schauen in die goldnen Auen,
Wo ihre Enkel und Sohnesfrauen

Im fernen Sonnenglanze gehen,
Die reifen Früchte rüstig mähen;
Sie sehen in all den hellen Schein
Mit blöden Augen stumm hinein.
Schon ist verklungen leis und weit
Das Lied von der Unsterblichkeit.
Und wie vor langen achtzig Jahren
Die Flämmlein im Entstehen waren
Und mälig aus der tiefen Nacht
Sich in ein helles Licht entfacht,
Das freilich auch sich ewig schien,
So glimmen sie jetzt wieder hin
Und denken bessres nicht zu thun,
Als ewig, ewig auszuruh'n.
Von Durst nach neuem Kommerzieren,
Wenn recht ihr schaut, ist nichts zu spüren.

Das Pfäfflein ist nach Haus gekommen,
Hat einen Schluck zu sich genommen
Und wandelt jetzt im schmucken Garten,
Den kühlen Abend zu erwarten,
Wo er sich freut auf ein Gelage,
Zu dem er freundlich ist gebeten;
Doch steht die Sonn' noch hoch am Tage.
Deß ist er nun in großen Nöten;
Er weiß, die besten Bachforellen
Werden auf blumiger Schüssel schwellen,
Ausländische Wurst und köstlicher Schinken
Reizen ihn zu frohem Trinken;
Er kennt die staubigen Flaschen zu gut
In Herrn Confratris frommer Hut,
Die schön geschliffenen Gläser bringen
Schon in sein Ohr mit feinem Klingen;
Er kennt das Tischlein hinter der Thüren,
Von wo die Flaschen hermarschieren,

Bis er eine mit silbernem Hals entdeckt,
Die vor dem Abschied doppelt schmeckt.

Und noch drei lange, lange Stunden! —
Hier hat er Ranken angebunden,
Ein nagendes Räupchen abgelesen,
Dort aufgehoben einen Besen
Und an das Gartenhaus gelehnt,
Dann einen Augenblick gewähnt,
Er wolle auf den Sonntag Morgen
Noch schnell für eine Predigt sorgen;
Doch ist er hievon abgegangen,
Hat einen Schmetterling gefangen,
Wirft einen Socken über den Hag,
Der mitten in einem Beete lag.
Die Sonne steht noch hoch am Tag.
Er wird der langen Weil' zum Raube
Und sinkt in eine kühle Laube,
Macht dort ein Ende seiner Pein,
Schläft zwischen Rosen und Nelken ein.

O·Pfäfflein, liebes Pfäfflein, sag',
Ist bir zu lang der eine Tag,
Was willst du mit all den Siebensachen,
Den Millionen Sternen und Jahren machen?

Fahrende Schüler.

Fliehe nicht, du holde Maid,
Wenn wir dir vorüber kommen,
Leute, denen aus Wanderleid
Ist ein guter Stern entglommen!

Sind gebräunt in Wetter und Wind
Und gereift an heißen Sonnen;
Ueber unsre Wangen sind
Ein paar Thränen schon geronnen.

Treten jetzo fest einher,
Fühlen unter uns die Erde,
Nicht vom eitlen Hoffen schwer,
Noch verzagend vor Gefährde.

Atmen froh das Morgenweh'n,
Wenn wir durch die Lande schweifen;
Glauben nichts, als was wir seh'n
Und mit unsern Sinnen greifen!

Halten nichts auf hohlen Dunst,
Mögen nichts auf Worte geben;
Doch verstehen wir die Kunst,
Wie wir denken, auch zu leben.

Scheiden leicht von jedem Traum,
Der sich nicht mit Wahrheit paarte;
Doch hegt unser Busen Raum
Für das Starke wie das Zarte.

Ruhen heut im sonnigen Thal,
Lauschend, wie die Knospen springen,
Stehen morgen im Wetterstrahl,
Wo die Stürme die Wolken schwingen.

Und es lobet unser Geist
Was da lebt in Licht und Grauen;
Doch wir ehren noch zumeist,
Wenn sie gut sind, holde Frauen!

Flackre, ew'ges Licht im Thal.

Flackre, ew'ges Licht im Thal,
Friedlich vor dem Frohnaltare;
Auch dein Küster liegt einmal,
Der das Oel hat, auf der Bahre!

Rausche fort, du tiefer Fluß!
Dein Gesang wird fortbestehen:
Aber jede Welle muß
Endlich doch im Meer vergehen.

Nachtviolen, süß und stark
Duftet ihr durch diese Lauben,
Und ihr wißt das feinste Mark
Luft und Erde schnell zu rauben.

Von der warmen Nacht geküßt,
Säumt ihr nicht, es auszuhauchen,
Eh' ihr selber wieder müßt
Eure Köpflein untertauchen.

Aus des Aethers dunklem Raum
Perlen leuchtend goldne Sonnen,
Kommen, schwinden wie ein Traum,
Doch gefüllt bleibt stets der Bronnen.

Und nur du, mein armes Herz,
Du allein willst ewig schlagen,
Deine Luft und deinen Schmerz
Endlos durch die Himmel tragen?

Ewig neu der Wirbel ist,
Zahllos aller Dinge Menge,
Und es bleibt uns keine Frist,
Zu beharren im Gedränge.

Wie der Staub im Sonnenstrahle
Wallt's vorüber, Kern und Schale —
Ewig ist, begreifst es du,
Sehnend Herz, nur deine Ruh!

VIII.

Festlieder und Gelegentliches.

An das Vaterland.

O mein Heimatland! O mein Vaterland!
Wie so innig, feurig lieb' ich dich!
Schönste Ros', ob jede mir verblich,
Duftest noch an meinem öden Strand!

Als ich arm, doch froh, fremdes Land durchstrich,
Königsglanz mit deinen Bergen maß,
Thronenflitter bald ob dir vergaß,
Wie war da der Bettler stolz auf dich!

Als ich fern dir war, o Helvetia!
Faßte manchmal mich ein tiefes Leid;
Doch wie kehrte schnell es sich in Freud',
Wenn ich einen deiner Söhne sah!

O mein Schweizerland, all' mein Gut und Hab!
Wann dereinst die letzte Stunde kommt,
Ob ich Schwacher dir auch nichts gefrommt,
Nicht versage mir ein stilles Grab!

Werf' ich von mir einst dies mein Staubgewand,
Beten will ich dann zu Gott dem Herrn:
„Lasse strahlen deinen schönsten Stern
Nieder auf mein irdisch Vaterland!"

Wegelied.

Drei Ellen gute Bannerseide,
Ein Häuflein Volkes, ehrenwert,
Mit klarem Aug', im Sonntagskleide,
Ist alles, was mein Herz begehrt!
So end' ich mit der Morgenhelle
Der Sommernacht beschränkte Ruh'
Und wand're rasch dem frischen Quelle
Der vaterländ'schen Freuden zu.

Die Schiffe fahren und die Wagen,
Bekränzt, auf allen Pfaden her;
Die luft'ge Halle seh' ich ragen,
Von Steinen nicht noch Sorgen schwer;
Vom Rednersimse schimmert lieblich
Des Festpokales Silberhort:
Heil uns, noch ist bei Freien üblich
Ein leidenschaftlich freies Wort!

Und Wort und Lied, von Mund zu Munde,
Von Herz zu Herzen hallt es hin;
So blüht des Festes Rosenstunde
Und muß mit goldner Wende fliehn!
Und jede Pflicht hat sie erneuet,
Und jede Kraft hat sie gestählt
Und eine Körnersaat gestreuet,
Die nimmer ihre Frucht verhehlt.

Drum weilet, wo im Feierkleide
Ein rüstig Volk zum Feste geht
Und leis die feine Bannerseide
Hoch über ihm zum Himmel weht!

In Vaterlandes Saus und Brause,
Da ist die Freude sündenrein,
Und kehr' nicht besser ich nach Hause,
So werd' ich auch nicht schlechter sein!

Die Landessammlung

zur

Tilgung der Sonderbundskriegsschuld 1852.

Wohl dehnen endlos Steppen sich,
    drauf dünnes Volk gesäet,
In dessen Hirn ein leichter Geist
    wie Sand vorm Auge wehet;
Doch unser Land ist eng und hoch
    zum Himmel aufgetürmt,
Darinnen hat ein groß Geschick
    schon manches Mal gestürmt.

Und dieses Schicksals nennen wir
    mit Fug uns selbst die Schmiede;
Wir feilen sechs Jahrhundert schon
    am selben alten Liede,
Bald sacht und leis, bald laut und rauh,
    wie es der Zeiten Lauf;
Und mehr als einmal sprüht' es heiß
    von Feil' und Hammer auf!

Das Sprühen ist der Bürgerkrieg,
    der Völker Fluch geheißen;
Doch festet es ein gut' Metall,
    wo schwache Ketten reißen.

Gerade weil wir Schmiede sind,
　　so schmieden wir in der Glut,
Die Pflugschar in der eig'nen Eff',
　　das Glück aufs neue gut!

Die rechte Faust im Bürgerkrieg
　　verkrallt und festgebunden,
Hat doch die link' den fremden Feind
　　dort kämpfend überwunden,
Wo bei Sankt Jakob an der Birs
　　ein Mann auf zehen kam,
Die sterbend zur Gesellschaft er
　　mit sich zum Hades nahm.

Nicht solcher Thaten rühmen wir
　　uns, die wir heute leben;
Jedoch, ist leichter uns're Hand,
　　ist geistiger auch das Streben.
Und zankten wir, und brauchten wir
　　die Ratio ultima,
So sind nun alle überzeugt
　　und alle sind noch da!

Wir stritten nicht um Geld und Gut
　　und nicht um Land und Leute;
Die Leute waren wir alle selbst,
　　ein neuer Bund die Beute,
Ein neues Recht, ein neues Haus,
　　doch auf dem alten Plan,
Und, außer dem guten Neuenburg,
　　kein neuer Stein daran!

Der Raum ist eng, die Seelen fest:
　　hie alte — hie neue Zeiten!
Erscholl's und blutig maßen sich
　　die Mehr- und Minderheiten.

Doch nun der Streit gestritten ist,
    so sind wir wie Ein Mann,
Ein Mann, der sich bezwungen hat,
    und niemand geht's was an!

Wir teilten in die Arbeit uns
    als werkerfahr'ne Geister;
Doch keiner hat nun Knechteslohn
    und alle sind wir Meister!
Was soll nun noch das Schuldenbuch,
    der schnöde Kostenpunkt?
Ein Wicht, der sich bezahlen läßt
    das Glück, womit er prunkt!

Wie der Prozeß im Volk begann,
    als es zum Krieg gepfiffen,
So sei nun diese Sühne auch
    zuerst vom Volk ergriffen!
Du Schreiber in der Halle dort
    zerreiße flugs den Wisch,
Denn sieh', schon drängt sich Kind und Greis
    um deinen Rechentisch!

Abschiedslied.

An einen auswandernden Freund, Dr. Christian Heußer.

1856.

Von Berg und grünen Weiden
    Steigt nieder der Genoß,
Und wieder heißt es meiden,
    Was treue Lieb' umschloß!

Die letzten Jugendtage
Sind eben nun verrauscht,
Mit rauhem Flügelschlage
Der Wind ein Segel bauscht.

So geh' zu Schiff, Geselle!
Und fahre deine Bahn!
Das mutige Wehen schwelle
Dir alle Segel an!
Doch stet, wie deine Ehre,
Und treulich, wie dein Sinn,
So tragen dich die Meere
Zu der Atlantis hin!

An Weltmeers Silberschäumen,
Durch fernes Palmengrün
Such' nicht in bangem Träumen
Der Heimat Firnenglüh'n!
Doch siehst du bang sich sehnen
Verlaß'nes Schweizerblut,
Da hilf und still' die Thränen,
Das steht den Schweizern gut!

So schreite fest, umwand're
Die Welt an Wundern reich!
Kehr' einst und find' uns and're,
Will's Gott, uns selber gleich!
Du kennst die besten Bande,
Die Altes binden neu:
Bleib' treu dem Vaterlande,
So bleibst dir selber treu!

Marschlied

Was eilt zu Thal der Schweizerknab'
Und wandert aus den Thoren?
Er fährt den Strom und See herab,
Was hat er wohl verloren?

Heiho! heiho! er sucht geschwind
Und findet seine Brüder,
Bis hundert und bis tausend sind
Und dreimal tausend wieder!

Hei seht! er schwärmt von Haus zu Haus
Und will schon Eisen tragen!
Sie zieh'n mit Wehr und Waffen aus
Und auch mit Stück und Wagen.

Und auf des Herbstes goldner Au'
Erglänzt in langen Zügen
Der Jugend kecke Heeresschau
Und ihre Fahnen fliegen.

Von hundert Trommeln ist der Klang
Zum Vorgeh'n dumpf zu hören;
Das Blachfeld hier und dort entlang
Wallt Rauch aus tausend Röhren.

Der Eidgenossen Oberst schlägt
Zufrieden an den Degen;
Er ruft, von frohem Mut bewegt:
Die Saat, die steht im Segen!

Und wie im hohen Schweizertann
Die alte Brut gesungen,
So, wehr' dich, guter Schweizermann!
So pfeifen auch die Jungen!

Schweizerdegen.

Tischlied am Jahresfest der schweizerischen Militärgesellschaft 1857.

Heißt ein Haus zum Schweizerdegen,
Lustig muß die Herberg sein;
Denn die Trommel spricht den Segen,
Und der Wirt schenkt Roten ein!
Kommen die Gäste, schön' Wirtin, sie lacht,
Sie hat schon manchen zu Bette gebracht!

Ist kein Volk fast allerwegen,
Was da nicht schon eingekehrt,
Und der Wirt zum Schweizerdegen
Hat den Eintritt nie verwehrt,
Hat dann die blutige Zeche gemacht,
Daß die Frau Wirtin vor Freuden gelacht.

Zwei und zwanzig Schilde blitzen
Von dem Giebel weit zu Thal;
Zeug- und Bannerherren sitzen
Harrend in dem hohen Saal,
Lauschend, bis jauchzend die Mutter sie ruft
Und von den Schilden erklinget die Luft.

Und auf allen Weg' und Stegen
Steht es auf zu Berg und Thal;
Hört, es klingt der Schweizerdegen,
Hört, es singt der alte Stahl!
Thut ihm genug und erprobt ihn vereint!
Besser, das Mütterchen lacht, als es weint!

Wo in Ländern, schön gelegen,
Wo in altgetürmter Stadt
Schweizerherz und Schweizerdegen
Die gemeine Herrschaft hat,
Da ist die Mutter, so hold und so fein,
Lacht sie, so wird's Frau Helvetia sein!

Eröffnungslied

am eidgenössischen Sängerfest 1858.

Wir haben hoch im Bergrevier
Den Tannenwald gehauen,
D'raus euch in rot und weißer Zier
Das Wanderzelt zu bauen.
Herein, was nun die Halle faßt,
O Schweizerkind! Du deutscher Gast!
Und wie's im Bergwald kühn erklang,
Laßt rauschen hier den Männersang!

Die grauen Adler schrieen wild,
Seit wir zuletzt gesungen,
Da ist der Freiheit Silberschild
Gar hell und rein erklungen!

Wir kehrten ein ins eig'ne Herz,
Da löst sich jeder Groll und Schmerz,
Da hatte sich die Treu' gelohnt,
Der Rat, der stät im Manne wohnt.

Es ward geraten, ward gebraut
Auf aller Herren Gassen;
Doch jeder that da, still wie laut,
Was er nicht konnte lassen!
Ein Mehrer seines Reichs zu sein,
Dünkt sich der Fürst im roten Schein;
Wir mehrten nur im Heimatland
Den Menschenwert mit reiner Hand!

Erhebt die Stimmen froh und hell!
Ringt um des Preises Schale!
Dann setzt euch an den Purpurquell,
Singt abermals beim Mahle!
Und singt: das Land ist eben recht,
Ist nicht zu gut und nicht zu schlecht,
Ist nicht zu groß und nicht zu klein,
Um drin ein freier Mann zu sein!

Wie grüne Au'n im Firnenschnee
In alter Zeit verschwunden,
So hat noch jedes Volk das Weh
Des Endes auch empfunden;
Doch trotzen wir dem Untergang
Noch langehin mit Sang und Klang!
Noch halten wir aus eig'ner Hand
Dich hoch empor, o Vaterland!

Das neue glückhafte Schiff.

Erinnerung an die Luftfahrt, welche am Schlusse des eidgenössischen Gesangfestes 1858 zu Ehren der elsässischen Sänger auf dem Zürichsee stattfand. Auf dem Schiffe glänzte vor allem das von Straßburg den Zürchern gebrachte Geschenk eines schönen Trinkhornes, das jetzt die Stadtbibliothek bewahrt.

———

Die Freundschaft fuhr auf klaren Wogen,
Das Schiff war wahrlich gut bemannt!
In heitrer Luft vereinigt flogen
Die alten Banner wohlbekannt;
Und aus der Tiefe rauscht' die Sage
Verwundrungsvoll ans Licht empor,
Sie, die im Glanz verschwund'ner Tage
Einst auf dem Rhein zum Festgelage
Sah fahren schneller Männer Chor.

Wir hoben singend aus den Wellen
Die viermal hundertjährge Fee;
Sie schaute lachend uns Gesellen,
Das Glanzgestad', den blauen See;
Sie sah ein Kleinod leuchtend schwenken,
Das Horn in Gold und Elfenbein,
Wie's reiche Treu' nur kann erdenken,
Als gält' es, Helden draus zu tränken, —
Das blitzt im Julisonnenschein.

Sie neigte trinkend sich zum Horne
Und wurde jung vom goldnen Schaum;
Begeistert rief die schöne Norne:
„Es ist ein Traum und doch kein Traum!

So seid ihr Männer von den gleichen,
Die ich zusammen einst geführt,
Von jenen mut- und freubereichen,
Die da nicht wanken und nicht weichen,
Wo keck zu leben sich's gebührt?"

Wohl, find wir andre, doch wir wohnen
Im Haus, das jene aufgebaut;
Noch hüten wir die Mauerkronen,
Von denen jene ausgeschaut.
Wir hoffen, da noch Trauben reifen,
Es jenen Alten nachzuthun,
Ein gutes Ziel nicht bloß zu streifen,
Das Steuer recht und fest zu greifen
Und niemals vor der That zu ruh'n!

Nun stieg ein Eiland aus den Fluten,
Da sprang die Freundschaft an den Strand;
Wir knüpften neu der Wohlgemuten
Im Grünen jedes schmucke Band.
Manch schönes Aug' war zu gewahren
Im holden Hin- und Wiedergeh'n;
So mögen noch der Enkel Scharen
Die Flut des Lebens froh befahren
Und unsre Städte fortbesteh'n!

Ufenau.

1858.

Von den Züricher Studenten anläßlich einer festlichen Fahrt nach
Ulrichs von Hutten Grabinsel gesungen.

Hier unter diesem Rasengrün,
Wo wir in Jugend steh'n,
Da liegt ein Ritter frei und kühn,
Wie keiner mehr zu seh'n!
Er floh herein vom römischen Reich,
Trug einen Lorbeerkranz,
Das Antlitz zorn- und kummerbleich,
Das Aug' voll Sonnenglanz!

Und wo die Well' den Blumenstrand
In holder Minne küßt,
Warf er sein Schwert auf sich'res Land
Und rief: sei mir gegrüßt!
In schwerer Not sank er dahin,
Zerbrochen das Gebein;
Doch glühte noch sein starker Sinn
Im Tod wie junger Wein.

Nun weht sein Schatten um uns her,
Nun ruft sein Geist uns zu;
„Ich war ein Schiff auf wildem Meer,
Ich kannte keine Ruh;

Ihr wißt, was ich gestritten hab'
Und was gelitten auch;
Doch stieg' ich nochmals aus dem Grab,
Uebt' ich den gleichen Brauch!"

„Die Qual verfliegt, die Sorg' ist klein,
Nun bin ich unbeschwert;
Die besten Freunde nannt' ich mein
Und fand mich ihrer wert!
Ihr lieben Brüder, wagt es nur
Und acht't die Not gering!
Das Elend zeigt die goldne Spur,
Wo sich ein Held erging!"

Du lichter Schatten, habe Dank,
Gut sprach dein kühner Mund!
Und wem der Sinn von Zweifel krank,
Der wird an dir gesund!
Wie diese luftige Silberflut
Dein Grab so hell umfließt,
So uns dein nie geschwundner Mut
Das frohe Herz erschließt!

Schütz im Stichfieber.

Geh', gewinn' mir Geld ins Haus!
Sprach das böse Weib zum Schütz;
Er gewann, in Saus und Braus
Bracht er's durch, der gute Schütz;
Denn er dacht', noch mancher Schuß
Bleibt mir für das böse Weib,
Bleibt mir für den Hausverdruß —
Jetzo gilt's dem Zeitvertreib!

Becher, Uhr und blankes Geld,
Alles schlug er durch, der Schütz,
Manchen Beutel leert der Held,
Stets gewann er neu, der Schütz,
Schenkt die Uhr der schönen Dirn'
Recht zum Hohn dem bösen Weib;
In den Bechern klar und firn
Perlt' der Wein zum Zeitvertreib.

Also trieb er's Tag und Nacht,
Bis zu End' das große Fest
Und die bitt're Reu' erwacht,
Weil er denkt ans Drachennest,
Wo der böse Drach' ihm haust,
Der nur Gold und Silber frißt;
Und dem guten Schützen graust,
Da er die Gefahr ermißt.

Blieb ihm noch ein Schuß zur Hand
Und noch zehn Minuten Zeit
Für den Stich ins „Vaterland" —
Ach wie scheint die Scheibe weit!
Hell vom Tempel blinkt der Gruß
Goldgefüllter Silberschal':
Sie gewinn' ich, weil ich muß,
Denn es bleibt mir keine Wahl!

Vater Tell im Himmelszelt!
Bied'rer Schütz in Gottes Schoß!
Lenk' dein Falkenaug' zur Welt,
Hilf mir, denn die Not ist groß!
Mach' den Willen fest und frei,
Reglos sicher meine Hand!
Sind die Zeiten denn vorbei,
Da man Meisterschüsse fand?

Und er schlägt bedächtlich an,
Zielet lang, der gute Schütz;
Was verwirrt ihm Sinn und Plan?
Setzt er ab, der gute Schütz?
Und er starret bleich und fremd,
Starret sprachlos nach der Scheib' —
Denn im roten Zeigerhemd
Sah er gaukeln dort sein Weib.

Niemand sah's, als er allein,
Und er sieht's, so oft er zielt!
Macht's die Angst, ist es der Wein,
Der ihm das Gehirn bespült?
Zweimal, dreimal schlägt er an,
Zitternd stark am ganzen Leib —
Immer tanzt auf grüner Bahn
Grad' im Schuß das rote Weib.

Und die Sippe kommt zur Stell',
Freunde, Vettern rings herum,
Büchsenmeister und Gesell,
Lader, Warner grad' und krumm!
Ei welch' ein berühmter Schütz,
Der so viel Clienten hat,
Die ihm dienlich sind und nütz,
Jeder gibt ihm guten Rat.

Dieser untersucht das Schloß,
Jener dreht ein Schräubchen an,
Der gebietet Ruh dem Troß
Und ein and'rer spannt den Hahn,
Und der fünfte flößt ihm Mut,
Doch der sechste stellt sich bang,
Und der sieb'te hält den Hut
Vor den Sonnenuntergang!

Endlich doch ermannt er sich,
Zielt in Wut, der gute Schütz,
Und die Freunde, feierlich,
Sie umsteh'n den kühnen Schütz,
Und er sieht das böse Weib,
Schließt die Augen — sei's weil's muß!
Und er drückt — fort ist das Weib
Und zum Teufel ist der Schuß!

Eben dröhnt Kanonenknall,
Feierabend Schütz und Rohr!
Tausendfacher Gläserschall!
Klangvoll schließt des Tages Thor!
Klanglos mit gebeugtem Mut
Heimwärts wallt der arme Wicht —
Sich zur Freude schoß er gut:
Für den Geiz gelang's ihm nicht.

Becherlied

auf das eidgenössische Sängerfest in Chur 1862.

——

Der Traube Saft behagt dem Mund,
Doch Müh' erheischt der edle Wein,
Und blitzt des Bechers köstlich Rund:
Sein Silber will gegraben sein;
Dann harret erst noch auf das Erz
Des Schmiedes kunsterfahr'ne Hand,
So ähnlich reift des Mannes Herz
Entgegen seinem Vaterland.

So schwebt das Lied wie Glockensang
Durch heit're Sommerluft einher
Und kündet laut, daß winterlang
Dem Sänger keine Müh' zu schwer.
Drum schafft, bis aus dem Becher blinkt
Der Männer Ehre schön verklärt
Und keiner mehr aus Silber trinkt,
Der nicht des Weins und Silbers wert!

Wie Glück und Glas so leicht zerbricht,
Nur etwas später bricht das Erz,
Die Schale schmilzt — die Seele nicht,
Sie glüht bewegend Herz um Herz.
Die höchsten Tempel stürzen ein,
Des Werkmanns reiche Hand verdorrt,
Verwildert stirbt am Berg der Wein —
Doch alles lebt im Liede fort.

Und wo sein ferner goldner Ton
Aus Trümmern neue Völker hebt,
Blüht auch die neue Rebe schon
Und ihre Ranke spinnt und webt;
In Wäldern trinkt am Felsenquell
Das Hirtenkind aus hohler Hand,
Bis wieder bringt aus Bechern hell
Der Mann sein Hoch dem Vaterland!

Gedächtniß an Wilhelm Baumgartner,

Gesangführer und Tondichter,

gest. 1867.

Gesprochen am schweiz. Musikfest 1867.

Haltet, Freunde, eine kurze Weile
Auf des Festes hellen Silberwogen,
Daß noch einmal zu erscheinen eile
Euch der Freund, der unlang fortgezogen,
Als der junge Lenz im Lande war,
Fort zu der Gewes'nen stiller Schar.

Still und freundlich kommt er aus der süßen
Ruh' der ew'gen Nacht herangegangen,
Still und freundlich will er schnell euch grüßen,
Noch sein Lächeln auf den bleichen Wangen,
Will noch rasch in eure Freude seh'n
Und zufrieden wieder heimwärts geh'n.

Grüßt das traute Bild nur traulich wieder,
Grüßt den Schatten, der euch nicht erschreckt!
Grüßt ihn mit dem Klange seiner Lieder,
Der so oft euch das Gemüt erweckt!
Und von euern Kränzen reich belaubt
Legt einen auf sein gutes Haupt!

Mancherlei sind unsers Volkes Gaben;
Denn auch mancherlei hat es zu thun,
Und beim harten Ringen, wie zum Ruh'n
Muß es einen guten Spielmann haben,
Der, wenn Sichel, Schwert und Hammer klingt,
Stets dazu die rechte Weise singt.

Unser Spielmann war er treu und klug,
Meister Wilhelm mit der rechten Weise,
Und sein Sinn wie froher Fahnenflug,
Und sein Herz ertönte laut und leise!
Lenz- und sommerlang, sein Spiel zur Hand
Ging er treulich mit dem Vaterland.

Mit dem Vaterland und allen Freien
Ging er stets dem gold'nen Licht entgegen;
Freiheit, Licht und Wohlklang, diesen dreien
Galt der Takt von seines Herzens Schlägen.
Was er that, das that er recht mit Fleiß,
Und beim Schmieden war sein Eisen heiß.

Neulich sahen wir in Sommerstunden,
Wie der Schnee auf grünen Linden lag,
Von der Last das Aehrenfeld gebunden
Niedersank vor seinem Erntetag;
Schlimmes Jahr! so sank der Sänger nieder —
Hier sein Schatten noch und seine Lieder!

Ein Gedenken noch und seine Lieder,
Alles, was uns bleibt, und doch genug!
Fröhlich heben wir die Fahnen wieder,
Und es ruft aus ihrer Falten Flug
Seine Stimme wie in Abendglut:
Lebt und singt, doch singet fein und gut!

Auf das eidgenössische Schützenfest.

1872.

Im Laube weht der Sommerwind
Und über das Halmenmeer,
Da naht mit ihrem Festgesind,
Die Fahne freudenschwer!
Da wallt das Völklein Wohlgethan,
Der Schalk zieht mit dem Biedermann
Froh hinter ihr einher.

Halt! Steckt das Banner auf den Turm:
Hie Schweizerland zehn Tag',
Zehn Tage lang Gemütersturm
Und Vaterlandsgelag!
Doch in der Brandung lautem Spiel
Sucht still der Schütz sein altes Ziel,
Der Schütz vom alten Schlag.

Ihr andern aber heuchelt nicht
Und gebt euch, wie ihr seid,
Und eh' das Herz vor Schweigen bricht,
Verkündet euer Leid!
Der Weise spreche warm erregt,
Der Schwätzer schwatze tief bewegt
In seinem Narrenkleid!

Und zürnt ihr, sei die Hand geballt
Von echtem Freundeszorn:
Sie öffnet sich, sobald erschallt
Das alte Wunderhorn!

Wir dürsten all' nach Einem Trank
Und baden alle, wenn wir krank,
In Einem klaren Born!

Die Freiheit gibt sich nicht in Pacht,
Sie folgt nicht Einem Mann
Und hat noch immer den verlacht,
Der sie zu fangen sann,
Das einz'ge Weib, dem gut es steht,
Wenn es mit tausend Männern geht,
Vertraut in Ring und Bann.

Die wilden Rosen auf dem Hut,
Läßt sie die Augen geh'n;
Dann braust verwirrt der Männer Blut,
Daß sie sie doppelt seh'n.*)
Und wie das Volk im Streite ringt,
Sie ordnend ihre Fahne schwingt
Und läßt's im Reih'n sich dreh'n.

Nun seid gegrüßet Mann für Mann,
Die Festfanfare schallt!
Nun treib' es jeder, wie er's kann,
Ein Rufer in den Wald!
Getrost vergeßt des Tages Not,
Bis daß im zehnten Abendrot
Der letzte Schuß verhallt!

---

*) Das Land war zur Zeit durch die politischen Gegensätze
namentlich des Förderalismus und Centralismus bei Erneuerung der
Bundesverfassung aufgeregt, sowie durch die Fragen der Beseitigung
der confessionellen Schranken im bürgerlichen Leben.

Schlußgesang

am Volkstage in Solothurn für Annahme der
abgeänderten Bundesverfassung.

1873.

———

Schließt auf den Ring, d'rin wir im Frieden tagten,
Aus treuer Brust entbietend unsern Rat!
Die Zweifel flieh'n, die lang am Herzen nagten,
Und mit uns schreitet froh der Geist der That.
    Es muß, laßt's laut erschallen,
    Die letzte Zwingburg fallen!
Dann wall' empor aus deiner dumpfen Gruft,
O Seele, frei, wie Gottes goldne Luft!

Von Bergen rauscht's wie unsichtbare Fahnen,
Von Flühen ruft's wie leise Geisterwacht;
Gelagert lauscht das Schattenheer der Ahnen,
Die uns den Leib von Ketten freigemacht.
    Nun tönt ihr Sang hernieder
    Und hallt vom Felsen wieder:
Laß dich nicht reu'n, lebendiges Geschlecht,
In deiner Zeit zu finden auch dein Recht!

Thut auf den Ring und zieht ihn weit und weiter
Durch tausend Boten über Berg und Thal!
Bald glüht der Bund und flammet stät und heiter
Den Völkern all ein friedlich Feuermal.
    Was schlecht ist, soll zerrinnen,
    Die Lüge nicht gewinnen!
Ein furchtlos Herz und off'ne Bruderhand
Gewinnt den Sieg im alten Heimatland!

Prolog
zur
Schillerfeier in Bern 1859.

Nachdem wir nun begraben, was das letzte
Jahrhundert, das wir lebten, groß gemacht
Und reich, an Schicksal wie an Thaten,
An hochgespanntem Denken und Empfinden,
Daß hier in einer Nacht die Haare bleichten
Und dort ein Tag ein Leben in sich trug
Erhöhten Seins, voll Geisterseligkeit —
So übrigt uns, gleich armen Aehrenlesern,
Die Gräber überspringend, rückzugreifen
Und den erwählten Tagen nachzugeh'n,
Die all' dies Leben uns ans Licht geboren.
Denn nach dem Einzeln messen wir die Menschheit,
Bis uns das Maß der matten Hand entsinkt
Und wir dahingeh'n, ungewiß, ob einst
Das Ganze größer als der Teil wird werden.

Heut ist der Ehrentag der schwäb'schen Mutter,
Die ihre Freude an die Brust gelegt,
Nicht ahnend, was der Welt sie weihvoll brachte.
Ein weis' Gesetz verhüllt, wie aller Liebe,
So auch der unschuldvollen Mütter Auge;
Denn wüßten sie, was sie auf Händen tragen,
So schlüge hochverwirrt ihr weiches Herz
Vor Stolz und Wonne oder auch vor Grauen,
Und stürmisch flöß dem Kind die weiße Nahrung,
Das erste süße Mittel widern Tod.

Doch heute, wo der Tag sich hundertmal
Ruhmvoll erneut und hundertfältig leuchtet,
Heut schau'n wir sehnsuchtsvoll den lichten Mann,
Den jene Sonne uns heraufgebracht,
Und sehen seine morgenrote Bahn
Mit hellem Vorwurf uns herüberglänzen
Auf dieses Brachfeld einer Zwischenzeit.

Und wo im weiten Reich des deutschen Wortes
Und wo es wanderlustig hingezogen,
Sich überm Meer Kraft und Gestalt zu suchen,
Drei Männer sind, die nicht am Staube kleben,
Da denken sie bewegt an Friedrich Schiller
Und mit ihm an das Beste, was sie kennen!
Er aber ruft aus seinem ew'gen Morgen:
Ich steh' euch fest und steh' euch unbezwinglich!
Und hilft's euch nicht, so steh' ich euern Kindern
Und auch den Kindern steh' ich eurer Kinder,
Bis sie gelernt mit reiner, starker Hand
Das alte Sehnen frei sich zu erfüllen
Und meisterlich zu leben wie sie denken!

Wir aber an der Grenzmark seiner Sprache,
Wir hier im alten ehrenreichen Bern,
Der neuen Bundesstadt der Eidgenossen,
Wir rufen seinen Schatten, wohlbewußt
Deß, was wir thun, laut her in uns're Mitte;
Wir richten auf sein Bild in unsern Herzen
Und wissen zwiefach wohl, warum wir's thun!

Zwar lehret nicht die Not des Tages uns
Zu solchen Sternen aus Verzweiflung beten;
Denn treulich fest besteh'n wir unser Dasein
Und hoffen Daseinsrecht auch zu erhärten,
Sobald die Stunde nicht mehr säumt, die drohend
Uns einen Frager vor die Schwelle führt.

Ob wir in unserm Land gelassen hausen,
Ob regen Sinnes in die Ferne schweifen,
Wir schaffen allwärts recht und schlecht das uns're,
Nie rühret uns, was unerreichbar ist.
Auch kitzelt uns nicht müßige Verehrung,
Ein Bild zu schaffen und es anzubeten,
Weil stolz bescheiden wir uns rühmen dürfen:
So manchen guten Mann wir unser nennen,
Die Quelle seines Wertes springt im Volke,
Und was er ist, dankt jeder dieser Quelle.
Und dennoch preisen wir des Tages Helden
Im wohlerwognen Sinn für künft'ge Tage.

Uns hat das Schwert das Vaterland gegründet,
Wie's uns behagt, ein warm gebautes Haus.
Die eig'ne Tren, dazu die Gunst des Himmels,
Ein freundlich Glück im Sturmgewog' der Zeiten
Erhielten uns das Haus mit seinem Wappen.
Doch was der Väter Schwert nachhaltig schuf,
Was der Geschlechter treue Denkart wahrte
Und was des Himmels Sonne hell besiegelt:
Nicht ist es uns ein Bett der trägen Ruhe,
Der Buhlerin des grauen Unterganges!
Nein, rüstig leben wir und thun es kund
Im rastlos wachen Fleiß, der sich ergeht
In Thalesgründen und auf luft'gen Höhen,
Und uns're hurt'gen Wasser treiben lachend,
Das Land durcheilend, tausend schnelle Räder.
Auf allen Meeren schwimmen uns're Güter,
Und wo die großen Völker ihre Märkte
Wetteifernd halten, breitet auch der Schweizer
Rühmlich die reichgehäuften Waren aus.
Zugleich wird fort und fort das alte Schwert
Mit neuem Eifer vorbedacht geschliffen,
Dem ärmsten Mann im Land zu Trost und Freude.

In hellen Sälen wird Vertrag und Recht,
Gesetz und Ordnung forschend ausgebildet,
Wie es das wechselvolle Leben heischt;
Und selbst der Gegensätze zorn'ge Flammen
Besiegt die stärk're Hand des guten Willens,
Der nicht vergeblich in die Schule ging.

Doch ist der Augenblick uns nicht das Höchste!
Drum führt der kinderfrohe Schweizermann
Der Jugend Scharen auf die freien Fluren,
Da läßt er kühn sie in der Sonne spielen,
An Tage sinnend, wo er nicht mehr lebt;
Und denkt er ehrend der Vergangenheit:
Des Landes Hoffnung liebt er wie sich selbst.
Der Enkel Wohlfahrt wägt er als die eig'ne,
Das ist die schönste Krone, die ihn ziert.

Das ist das Wort! und mutig sag' ich es:
Vorüber sind die halbbewußten Tage
Unsichern Werdens und dämon'schen Ringens!
Und freudig sag' ich: unserer Geschichten
Sei nur das erste Halbteil nun gethan!
So gilt es auch, die andre schuld'ge Hälfte
Mit unerschlaffter Hand heranzuführen,
Daß hell das Ende, das uns einst beschieden,
Sich in des Anfangs fernem Glanze spiegle,
Und daß es heißt: was diese werden konnten,
Das haben sie voll Lebensmut erfüllt!
Auf! schirrt die Wagen! bewimpelt eure Schiffe,
Ins Reich der dunkeln Zukunft auszufahren,
Ein einig durchgebildet Volk von Männern,
Das redlich selbst sich prüft und kennt und dennoch
In ungetrübter Frische lebt und wirkt,
Daß seine Arbeit festlich schön gelingt,
Und ihm das Fest zur schönsten Arbeit wird!

Zur höchsten Freiheit führt allein die Schönheit;
Die echte Schönheit nur erhält die Freiheit,
Daß diese nicht vor ihren Jahren stirbt.
Vollkraft und Ebenmaß giebt sie dem Denken
Schon eh' es sinnlich sich zur That verkörpert,
Und knechtisch ist das unschön Mißgestalte
Im Keim verborgener Gedanken schon,
Drum gelt' es uns, ein hohes Ziel zu stellen:
Da nun die niedern Mächte überwunden,
Die gröbern Elemente sich gefüget,
Laßt uns der Schönheit einen Ort bereiten,
Daß sie das Eigenart'ge und Besond're,
Was uns beschränkt, frei mit der Welt verbinde
Und auch bei uns zugleich Gestalt erwerbe,
Sie, die oft heimatlos im Aether wohnt!

Sie klärt des Priesters Wort zur reinen Liebe,
Sie hellt dem Ratsmann trefflich den Verstand,
Sie macht des Kriegers Waffen scharf und glänzend;
Dem Werkmann adelt sie die harte Arbeit,
Erhebt den Kaufmann über die Gefahr,
Sein Herz in seinen Schätzen zu begraben,
Und schützt, wie vor dem Rost des rohen Geizes,
Vor weichlicher Entnervung seinen Sinn;
Und selbst der Leidenschaft, die nimmer stirbt,
Nimmt sie das Gift, das zum Verderben führt.
Um alle windet sie ein Zauberband,
Das gleich uns macht im edlern Sinn des Wortes
Wertvoll und fähig zu der Freiheit Zwecken.

Nicht ist's die Schönheit, die Despoten pflegen,
Der Unterworf'nen blödes Aug' zu blenden,
Mit trügerischem Reiz das Land bethörend!
Und nicht die Schönheit, die verfall'ne Völker
Mit Tonnen Goldes auf dem Markte kaufen,
Zum Histrionendienste sie zu zwingen!

Nicht ist's die Schönheit, die voll Eitelkeit
Und Selbstsucht sich mit Pfauenfedern schmückt
Und wie der Pfau von allen Dächern kräht;
Und nicht die Schönheit, die, das Aug' verdrehend,
Mit matter Salbung schale Heuchler pred'gen,
Die auf den Gassen mit der Halbheit buhlen,
Der Dinge Wesen schwächlich übertünchend,
Und mit dem unerschöpften Redeschwall
Die Kraft zur schönen That im Keim ersticken!
Die Schönheit ist's, die Friedrich Schiller lehrt,
Die süß und einfach da am liebsten wohnt,
Wo edle Sitte sie dem Reiz vermählt
Und der Gedanken strenge Zucht gedeiht!
Die Schönheit ist's, die nicht zum Ammenmärchen
Die Welt uns wandelt und das Menschenschicksal,
Zaghaft der Wahrheit heil'gem Ernst entfliehend —
Nein! die das Leben tief im Kern ergreift
Und in ein Feuer taucht, d'raus es geläutert
In unbeirrter Freude Glanz hervorgeht,
Befreit vom Zufall, einig in sich selbst —
Und klar hinwandelnd wie des Himmels Sterne!
Die Schönheit ist's, die Friedrich Schiller lehrt
Und die mit eig'nen Tagen er gelebt,
Die jugendlich, ein schäumender Alpenstrom,
Die erste Kraft in jähem Felssprung übt,
Dann aber sich vertieft im klaren See
Und auferstehend aus der Purpurnacht
Dem Meer der Ewigkeit und der Vollendung
Kraftvoll mit breiter Flut entgegen zieht!

Ist uns ein Stern und Führer nun vonnöten,
Des Schönen Schule stattlich aufzubau'n:
Er ist der Mann! ihn führen wir herein
In unf're Berge, deren reine Luft
Im Geist in vollen Zügen er geatmet

Und sterbend in ein Lied hat ausgeströmt,
Das uns allein schon eine hohe Schule
Der wahren Schönheit ist, wie wir sie brauchen!
Die das Gewordene als edles Spiel verklärt,
Das seelenstärkend neuem Werden ruft,
Daß Dichtung sich und kräft'ge Wirklichkeit
In reger Gegenspieglung so durchdringen,
Wie sich, wo eine wärm're Sonne scheint,
Am selben Baume Frucht und Blüten mengen,
Bis einst die Völker selbst die Meister sind,
Die dicht'risch handelnd ihr Geschick vollbringen.

Ein großer Torso ist's, den heut wir feiern,
Dem allzufrüh das große Leben brach;
Und unermeßlich ist, was ungeschaffen
Er mit hinab zur Nacht des Todes trug!
Doch jeder Teil von ihm, der uns geblieben,
Birgt in sich eine Welt urweiser Schönheit,
Vollendet ans Unendliche sich knüpfend,
Und lehrt uns so zu handeln, daß wenn morgen
Ein Gott uns jählings aus dem Dasein triebe,
Ein fertig Geistesbild bestehen bliebe.

Was unerreichbar ist, das rührt uns nicht,
Doch was erreichbar, sei uns goldne Pflicht!

Prolog
zu einer Theatereröffnung in Zürich.*)
1864.

Halb sorg- halb lustbewegt zieh'n wir das Tuch,
Das leichte, das ein leichtes Spiel verhüllt,
Empor zum niedern Himmel dieser kleinen
Gemalten Welt, ein Spiegel eurer großen.
Von Lust bewegt sind wir, voll anzustimmen
Das endlos stäte, wechselvolle Lied
Des alten Menschenschicksals, dessen Rad,
Wie eine Mühl' am Bächlein, ewig dreht
An ros'ger Quelle herzentströmten Blutes.
Laut mitzusingen diesen alten Sang,
Schon wiegend uns in den gemeff'nen Rhythmen,
Zieh'n wir entschlossen rasch den Vorhang weg,
Doch sorgerfüllt auch, weil wir fremd euch sind
Und ungewiß des Beifalls eurer Augen.

Dort, wo die Gärtner ihre Blumen pflegen,
Sagt man vom Flor, der einen Sommer lang
Nur blüht, um dann dem Mutterschoß der Erde
Entrafft zu werden: das ist Sommerflor!
Uns, die wir kommen, wann die Schwalben ziehen,
Und gehen, wann der holde Mai erschien,
Um winterlang an dieser Lampen Licht
Ein kurzes Blütenleben zu entfalten,
Uns nennt man füglich armen Winterflor.

*) Das Theater in Zürich wird nur im Winter benutzt, unter jährlichem Wechsel der Schauspieler. Es ist in Schiff und Chor der ehemaligen Barfüßerkirche eingebaut; an den zum Teil noch erhaltenen Kreuzgang stößt anderseits der Schwurgerichtssaal.

Ja, wann der Sonnenwagen höher steigt
Und abendlich der trüben Lampen spottet,
Dann wandern schon wir wieder in der Ferne,
Und keines weiß, ob es je wiederkehrt.

Denn dieses Haus, auf alten Mauern ruhend,
Es bietet dennoch keinen festen Stab,
An dem ein Kunstgesetz mag dauernd ranken
Und Wurzel fassen in des Volkes Leben,
In seiner Sitte und der reichen Sage
Des Landes, d'rin der Tell einhergeschritten.
Ja, dieses Volk, in reg' empfund'nem Triebe,
Eilt aller Kunst voran und übt sich frei,
Gesetzlos spielend auf den freien Fluren;
Da sieht man oft auf kaum ergrünter Wiese
Ein leicht' Gerüst, drauf unter Frühlingswolken
In bunter Tracht, voll Eifer, es tragieren,
Von seiner eig'nen Menge ernst umringt.
Und schließt die Handlung, so begeh'n die Spieler
Vereint in einem Zuge mit den Hörern
Des Orts Gemarkung feierlichen Schritts;
So freut das Volk der trauten Heimat sich.
Wir aber, fremd, verdrängen Schar um Schar
Uns, niemals heimisch, jede wischt die Spur
Der andern eilig aus, und wen'ge nur
Hört man, schon halb vergessen, flüchtig nennen.

Wie man uns sagt, war hier in diesen Mauern
In alter Zeit ein Schauplatz höh'rer Art;
Die bunte Leinwand uns'rer Scene birgt
Die Pfeiler eines Gotteshauses, d'rin
Das knie'nde Volk in priesterlichem Pomp
Das hehre Spiel der Wandlung Gottes sah.

Verschollen sind und Asche längst die Priester!
Doch seht hier dicht am Kreuzgang, der noch steht,

Und eingebaut in seine got'schen Bogen,
Der nächste Nachbar klangerfüllter Bühne
Ist das Theater der Gerechtigkeit!
Da sieht das Volk geschworene Richter sitzen,
Die ernst und tief der Menschen Schuld erwägen;
Hört die erstaunliche Beredsamkeit
Und Kunst der Todesfurcht, womit die Schuld'gen
Den Dialog mit ihrem Kläger führen
Und die gelass'nen Zeugen grimmig schelten,
Bis sie besiegt die Maske von sich werfen,
Um Gnade flehend, oder auch mit Ruh',
Die beßrer Sache würdig, untergehn.
Und eine Handlung, grau'n- und schicksalsvoll,
Verdrängt die and're vor entsetzter Menge.
Wohl auch Gelächter füllt den bangen Raum,
Wenn schlimme Thoren um unsäglich Schnödes
Sich noch vor Schwert und Wage trüglich streiten
Und possenhaft dem Richterspruch erliegen.

Und wagen dennoch wir das Musenspiel
An solchem Ort, in solcher Nachbarschaft?
Wenn wir's gesteh'n, sie schrecken uns nicht weg,
Sie mahnen uns, den tiefern Ernst zu suchen,
Der unserm Spiel sein höh'res Recht verleiht.
Uns klingt das Lied des Dichters in den Ohren
Von jenen Kranichen des Ibykus,
Und schauernd fühlen wir den Mut in uns,
Das Herz bewegt, das Trauerspiel zu wagen
Von Menschenschuld und Sühne des Gewissens;
Uns reizt der Wettkampf auch mit der Natur,
Wenn sie durch Leidenschaft den höchsten Stil gewinnt.

Doch wie es euch gefällt! Nicht wir sind es,
Die euch belehren dürfen über euren Sinn.
Gefällt es euch, in heit'rem Wechsel stets
Aus weiter Welt das Neuste herzuholen:

Wohlan, wir selbst sind hier durch diesen Sinn
Und eures Urteils aufmerksam gewärtig.
Wir spielen eure Welt, wie wir's versteh'n
Und wie der Geist uns treibt, und müßten spielen —
Auch wenn kein Augenstern uns freundlich glänzte,
Und dünken uns dabei recht was zu thun!
Vergönnt uns diesen Stolz! er ist das Maß
Der Forb'rung, die wir ehrlich selbst uns stellen.
Dem Guten schenket Nachsicht, das wir geben,
Das Beste noch bedarf der Freundlichkeit;
Und wo wir fehlen, schenkt den Tadel nicht,
Doch seid gerecht, dies ist des Schauers Pflicht!
Und richtet er mit ungeschickter Hand,
So wird er selbst des Spielers Gegenstand!

Prolog

zur

Feier von Beethovens hundertstem Geburtstag
in Zürich 1870.

———

Man sagt, daß in der Völkerschlacht,
Wo donnern Stück und Wagen,
In schmelzenden Gesanges Pracht,
Als wär' der schönste Lenz erwacht,
Die Nachtigallen schlagen.

In Busch und Baum die Schlacht entlang,
Verborgen in den Wettern,
Wetteifernd mit Drommetenklang
Und der Gefall'nen Wehgesang
Hört man die Triller schmettern.

Sie halten den Streit für Frühlingslust,
Den Tod für holdes Minnen,
Sind keiner Sorge sich bewußt —
Da fährt das Blei durch ihre Brust
Und reißt das Nest von hinnen.

So war's, als des Jahrhunderts Thor
Aufsprang mit eh'rnen Pforten,
Ein roter Morgen trat hervor,
Mit ihm ein endlos langer Chor
Von blutenden Cohorten.

Was tausendjährig, sank in Staub
Wohl unter ihren Schritten,
Und Glück und Staub des Cäsars Raub,
Er selber dann wie falbes Laub
Knirscht' unter des Siegers Tritten. —

Da saß ein stiller Mann im Land,
Dem war Gewalt gegeben,
Zu wirken mit gefeiter Hand
Ein tausendtönig Zauberband
In das empörte Leben.

Er goß des Wohllauts süßen Wein
Aus über die Wogenheere;
Mocht' noch so laut die Brandung schrei'n,
Doch stärker klang sein Spiel darein,
Wie Orgelton am Meere.

Nicht sorglos wie die Nachtigall
Hat er sein Lied gesungen;
Es war der großen Klage Schall,
Die Menschenherz und weites All
Geheimnisvoll durchdrungen.

Der Klage, die mit höchster Kraft
In Freude dann sich wendet,
Und die, den Sternen kühn entrafft,
Den letzten Kranz der Meisterschaft
Dem sel'gen Sänger spendet.

Vorüber zogen hundert Jahr',
Seit er ans Licht geboren;
Hin ist die Welt, die mit ihm war, —
Noch wandeln seine Sterne klar
Im Aether unverloren.

Noch hallt sein unsichtbares Haus
Und klingt von Meer zu Meere,
Und wieder hauf't des Sturmes Graus,
Geharnischt führt der Tod hinaus
Zahllose Völkerheere.

Ein Cäsar liegt — mit gold'ner Zier
Wird sich der Deutsche krönen;
Sein Donner grollt — doch ferne hier
In gold'nem Frieden lassen wir
Des Zaub'rers Lied ertönen.

Für ein Gesangfeft im Frühling.

1878.

Jetzt ift des Winters grimmer Froft
Entflohen aus den Landen
Und rings der reiche Blumentroft
In Feld und Hag erftanden;
Und fingt auch keine Nachtigall
Im weiten Thal mit füßem Schall,
So geh'n wir Lente felber dran
Und ftimmen hell das Lenzlied an!

Die Zeit ift rauh und fchwer der Tag,
An Not und Neid kein Mangel;
Es zuckt das Herz mit bangem Schlag
Wie's Fifchlein an der Angel;
Doch fteht die Welt in Sorgen ftill
Und wenn fich keiner faffen will,
So geh'n wir Lente dennoch dran
Und heben hell das Lenzlied an!

Verfchließt des Kummers dunkle Gruft
Und ftellet ein das Klagen!
Laßt lieber uns die Maienluft
Mit feidnen Fahnen fchlagen!
So treiben wir den Tenfel aus,
Schon wird es frei und licht im Haus!
Wir aber reih'n uns Mann zu Mann
Und heben froh das Lenzlied an!

Ein Festzug in Zürich.

1856.

Als einst die Luft von Lindenbluft
Durchduftet und die Bürgerluft
Darob erwacht und munter war,
Da regt' sich junger Männer Schar
Und strebte menschlich nach dem Ziel,
Sich darzustellen recht im Spiel.
Auch hatt' zu jenen Stunden
Sich bald ein Fest gefunden;
Denn fertig war das Eisenband,
Das mit dem deutschen Nachbarland
Am blauen See die alte Stadt
Wegsam und neu verbunden hat,
Und wurde just der Tag erharrt,
An dem sich that die erste Fahrt.
Es waren zu dem Feste
Geladen schnell die Gäste,
Schon rüst't sich jeglicher Gesell.

Da lehnt auch Meister Heinrich schnell,
Der Cramer ehrlich zubenannt,
Das blanke Schlachtbeil an die Wand;
Den Gurt, mit Kupfer hell verziert,
Woran ihm Stahl und Messer klirrt,
Den weißen Schurz thut er von sich
Und greift zum Stifte; säuberlich
Nimmt er Papier und träumt und sinnt
Und gleich zu zeichnen drauf beginnt.
Denn wißt und seid des Meisters froh,
Seit manchem Jahre treibt er's so:

Wenn sich ein Spiel begeben will,
So steht sein Eifer nimmer still,
In Reim und Bildnis gleich gewandt,
Entwirft und ordnet seine Hand,
Bis frisch die Arbeit ist gethan
Und fröhlich klar des Festes Plan!
Bald sieht man ihn nun walten,
Die Scharen zu gestalten,
Wie jedes Mannes Stand und Tracht
Er weislich zu Papier gebracht.

Jetzt aus der Vorzeit fernen Au'n
Läßt er beglänzte Bilder schau'n;
Dann mischt er kecklich Alt und Neu,
Vergang'ner Zeiten Ehr' und Treu
Und stolzes Fahnenrauschen
Muß nun mit Thorheit tauschen,
Und Schwank und Schalkheit sind zu seh'n
Wie sie dem Ernst zur Seite geh'n.

Auch hat er schon den Lauf der Welt
Mit zarten Kindern dargestellt;
Der Ahnen krieg'risch Prangen
Kam rosig da gegangen;
Dann hüpften Fächer, Degen,
Gepudert allerwegen;
Als Gärtner, Fischer, Jägersmann
Dann sind die Kleinen angethan,
Der Jahreszeiten Wechseltanz
Sieht man in Kinderaugenglanz
Und gold'ner Locken jungem Flug
Vorüberwallen Zug auf Zug.
Das Märchen ward lebendig,
Titania lilienhändig
Schien selber mitzuwirken
In solchen Lenzbezirken,

Und einem Wandelgarten
Von tausend Blumenarten
Glich dann die volkerfüllte Stadt.

Doch jetzo weiß er andern Rat.
Was heut und morgen sturmbeschwingt
Uns auf dem Eisen fliegend bringt
Vom alten trauten Nachbarort,
Wie von der Erde fernstem Port,
Das kommt zumal nun Troß um Troß,
Zu Fuß, zu Wagen und zu Roß,
Und durch des Volkes wogend Meer
Rauscht es von allen Seiten her.
Befremdlich wie die Aventür
Tritt's aus den Häusern jäh herfür;
Hier trabt der braune Wüstensohn
Und dort des Zaren Kind vom Don,
Der Kriegerfürst vom Kaukasus,
Der Häuptling vom Lorenzofluß;
Und was am Nil sich regt und drängt,
Auf Asiens Strömen treibt und mengt,
Wie durch die Luft gefahren,
Ist's hier nun zu gewahren.
Dann aus Italiens Myrtenland
Kommt uns der Schönheit Volk zur Hand,
Der Schnitterinnen brauner Chor,
Korallen rot an Hals und Ohr;
Hispan'scher Majas üpp'ge Schar,
Die dunkle Ros' im schwarzen Haar
Von blüh'nden Knaben dargestellt,
Die trüglich volle Brust geschwellt;
Das drängt sich durch und bleibet steh'n
Und wendet sich im Weitergeh'n
Mit Scherzen hier und dort mit Schlägen,
Wenn sich zu grober Witz will regen.

Zuletzt mit Fiedel, Horn und Baß
Schnurrt es vertraulich durch die Gaß,
Vom Elsaß und vom Schwabenland
Die Bauernhochzeit wohlbekannt.

Und alles woget kunterbunt,
Verworren noch zu dieser Stund',
Und jeder strengt sich eifrig an,
Daß er das Einz'le sehen kann,
Eh' später es der große Zug
Zu flüchtig ihm vorüber trug.
Da gilt es nun zu preisen
Das Wandern und das Reisen
Der Landesart in alle Welt,
Die solch ein Bild zusammenstellt;
Denn leicht wird hier und dort erkannt,
Gar manches echte Prunkgewand;
Des Scheiches Mantel goldbestickt,
Er ward aus Syrien hergeschickt;
Des Japanesen Doppelschwert,
Des Mandarinen Drachenkleid
Und seiner Liebsten Staatsgeschmeid,
Es brachten's unf're Söhne wert
Heimkehrend über manches Meer.
Aus mexikanschen Bergen her
Stammt dort der Sattel silberreich
Und was der Sennor schlank und bleich
Von fremder Tracht am Leibe trägt.
Echt ist auch, was da unbewegt
Der Kurde läßt an Waffen
Bewundern und begaffen.

Lang ist der letzte schon enteilt
Zum Sammelplatz, und harrend weilt
Des Volkes farblos dunkles Meer;
Da plötzlich, wie die Sonne hehr

Aufgeht, erschallt Fanfarenton,
Die Menschenflut bewegt sich schon
Und lichtet ordnend eine Bahn,
Und langsam zieht das Fest heran.

Da kommt es nun, da ist es nun!
Jetzt kann das Auge satt sich ruh'n
Auf Farbe, Glanz und Wohlgestalt;
Beglückt ist, wer im Reihen zieht
Und wer am Wege steht und sieht.
Das ist des Augenblicks Gewalt,
Der läßt, als wär' er erst das Leben,
Den Sinn in seinem Banne schweben,
Indes er rasch vorüberrinnt,
Und unverseh'ns ein End' gewinnt.

Fern ist der Lärm, die Straße leer,
Drauf schleicht die Sorge still einher,
Des Menschen traute Muhmenfrau
In Kapp' und Schleiern spinnegrau,
Doch dem, der sie sein eigen nennt
Und wie den eig'nen Atem kennt,
Ein zieres Weiblein, weiß und fein,
Das, was da wird, schafft ganz allein
Mit dir bei leisem Sternenschein.

Zur Stund' jedoch läßt man sie steh'n,
Es will das Volk sie nicht beseh'n;
Der letzte läuft gar eilig fort
Sie bleibt allein am stillen Ort,
Sitzt auf ein hölzern Bänklein nun
Und denkt: Man kann ein Schläflein thun!
Sie hüllt das Haupt in ihr Gewand
Und schlummert ein, den Stab zur Hand.

Die Sorge schläft, der Abend sinkt,
Und neue Lust den Scharen winkt;

Denn als die kühlern Lüfte weh'n
Ruft dort, wo hoch die Linden steh'n,
Auf räum'gem Bühel, dessen Fuß
Bespült der grüne Limacus,
Ein nächtlich Mahl zur Stelle,
Wo Meister und Geselle
Durch die Jahrhunderte entlang
Erhuben schon den Becherklang.
Das ist der schönste Bürgersaal;
Vom Himmel flimmert sanft der Strahl
Der alten Sterne hoch herein,
Und Lindenblüte schwimmt im Wein.

Gelagert hat die Freude sich;
Auch jenes graue Weiblein schlich,
Das sich indes ermuntert hat,
Herbei zur bunten Lagerstatt.
Sie drängt sich zwischen Mann und Mann,
Rührt leise den und jenen an;
Der zuckt die Schulter halb bedacht,
Doch nimmt sich weiter nicht in Acht;
Der schaut im Glas ihr Angesicht,
Führt's träumerisch zum Munde dicht,
Und in sich selbst versunken,
Hat er den Wein getrunken.
Kein Ohr ist, das sich borge
Dem leisen Ruf der Sorge,
Kein waches Aug' zu finden;
Der dunkle Dom der Linden
Summt wie ein großes Bienenhaus,
Wo Sang und Klang schwirrt ein und aus.

Da, horch, erdröhnt das Feuerhorn!
Und wie der Wind sich dreht im Korn,
Wend't alles Volk den Kopf herum,
Die Spieler und das Publikum,

Was oben schmaus't, was unten steht,
Am Strand und auf den Brücken geht,
Kehrt mit erschreckt neugier'gem Sinn
Den Blick nach einer Richtung hin.

Grad überm Fluß ragt, in sich fest
Verschränkt, ein altes Häusernest
Mit Treppleinwerk und Holzgesperr,
Ein Dachgewirr hoch d'rüber her;
Der braune Rauch quillt draus hervor,
Und schon schlägt auch die Flamm' empor;
Aus Fenstern, Löchern, Luken
Steht man sie glüh'n und zucken,
Bis breit die Feuerkrone sitzt,
Darin es knattert, loht und blitzt;
Sie wirft den taghell roten Schein
Hinüber in den Lindenhain,
Wo Tisch und Glas verlassen steht
Und keines Gastes Kleid mehr weht;
Denn jeder weilt schon eingereiht
Am Ort, wo seine Pflicht gebeut.
Sie sind, so wie sie waren,
Zur Lohe hin gefahren,
Und einer schaut den andern an,
Wie er so seltsam angethan.
Nie sah man solchen Mummenschanz
Sich tummeln in des Feuers Glanz
Mit raschem Thun und Schaffen.

Hier schleppen dunkle Pfaffen
Langbeinig Bett und Kasten fort,
Und starke Nonnen tragen dort
Mit rauhem Ruf die Leiter her
Und richten sie, die schwank und schwer,
Mühsam empor; mit langem Schlauch

Ein perlbesä'ter Hindumann,
Der Maharadja klimmt hinan
Und schwindet hoch in Qualm und Rauch.
Am Ufer schöpft australisch Volk
Vereint mit dem Kosakenpolk;
Die bräunliche Zigeunerin
Fährt mit dem Windlicht her und hin,
Sie schlägt den dicken Mönch aufs Ohr,
Der sie zu müß'gem Scherz erkor,
Und schickt ihn zu den Spritzen;
Tscherkessenhelme blitzen,
Und mit den kahlen Köpfen
Und rückenlangen Zöpfen
Thun dort Chinesen enggeschart
Des Pumpwerks Arbeit heiß und hart.
So schießt von allen Seiten bald
Das Wasser in den Flammenwald
Und stirbt in seiner wilden Glut,
Das klare Labsal hold und gut.

Doch seht! auf höchstem Giebel ragt
Ein Wendrohrführer unverzagt:
Der Irokes' mit roter Haut,
Den grauslich man von unten schaut!
Der Bäcker ist's von Unterstraß,
Ein lust'ger Mann voll Schwank und Spaß;
Wenn er im Herbst den Neuen trinkt
Und der ihn gar zu trübe dünkt,
Bringt ihm die Zipfelmütz Gewinn,
Er zieht sie nieder bis zum Kinn,
Trinkt durch die Maschen dann getrost
Und nennt es seigen seinen Most;
Stumm sitzt er da, dem Fremdling graut,
Der den verkappten Zecher schaut.
Auch wie ein Frosch, ein grüner Mann,
Sagt man, daß jener hüpfen kann

Auf gradem Strich die Dielen lang,
Und quakt und quirlt den Froschgesang;
Dann bellt er wie ein heis'rer Fuchs,
Bewegt die Ohren als ein Luchs;
Mit feiner Kinderstimme singt
Er Schelmenlieblein, leicht beschwingt,
Und klemmt die Aeuglein froh gelaunt,
Wenn lachend ihn die Welt bestaunt.

Jetzt, mit dem Element im Kampf,
Verbirgt ihn bald der krause Dampf,
Bald steht er schwarz im hellen Schein
Auf kräftig ausgespreiztem Bein;
Umstoben von der Funkenglut
Lenkt er des Wassers Silberflut
Und schleudert mächtig Strahl auf Strahl
In den empörten Flammensaal.
Sein indian'scher Kriegerschmuck
Erzittert vom gewalt'gen Druck,
Der Geierfittig schräg im Schopf
Raucht halb versengt auf seinem Kopf.
Das ist ihm nun die wahre Lust,
Ein Jauchzer steigt aus seiner Brust
Hoch über allen Lärm und Drang.

Zugleich ertönt ein and'rer Sang:
Das Angstgeschrei erheben
Bedrohte Menschenleben,
Ein Schrei zuerst — dann gellt es fort
Markschütternd am verlass'nen Ort,
Im Gassenwinkel, wo der Glast
Ein dunkles Fensterloch umfaßt
Und drin ein rotes Pünktlein schwimmt,
Ein einsam Lämpchen irrend glimmt.
Kaum ist die Leiter dort getürmt,
Des Todes Warte rasch erstürmt,

So ruft es hier vom höchsten Sitz
Um Hülf' in all den Menschenwitz,
Der unten dicht und emsig schwärmt
Und selber nun voll Schrecken lärmt.

Zwei fremde Männer, wohl bestellt,
Die friedsam wandernd sich gesellt,
Die Sommerfrische zu begeh'n
Und auch das Fest am Weg zu seh'n,
Die ruhten da behaglich aus
Im wirrgebauten Herbergshaus,
Und ihr bescheidenes Quartier
Ragt oben an die Wolken schier.
Wie nun das Haus von innen brennt,
Sind sie von aller Welt getrennt,
Vergessen liegen sie im Traum.
Von einem blitzerspellten Baum
Voll Angst der eine träumt, derweil
Der andere mit banger Eil'
Auf einem glatten Eise flieht,
Das krachend er zersplittern sieht.
Sie wachen auf, ganz sinnverstört
Vom Knall und Schall, den sie gehört;
Noch zittert das Gemach vom Klang:
Es hat ein starker Wasserstrang
Das Fenster eingeschlagen. —

Und eh' sich ihre Blicke fragen,
So klappert auch die Thür im Schloß,
Wie wenn ein später Schlafgenoß
Mit Rütteln gröblich Einlaß heischt;
Sie sperren auf — Entsetzen kreischt
Aus bleichem Mund, es starrt das Haar,
Denn wo unlängst die Treppe war,
Rollt eine Säule Rauchs empor,

Aus der die Flammenzunge sticht;
Ein Feuerriese von Gestalt,
Scheint's aus dem Abgrund aufgewallt,
Sich lagernd vor die Schwelle dicht.
Sie werfen zu das schwache Thor
Und schieben flugs den Riegel vor,
Denn schreckenvoll war das Gesicht!
Und wieder rüttelt an der Thür
Der Hauch der Glut mit Ungebühr.

Was noch vom Fensterwerk bestand,
Reißt auf nun bebend ihre Hand;
Sie lehnen angstvoll sich hinaus,
Da faßt sie gleich ein neuer Graus!
Ein breit' Gesims versperrt dem Blick
Den Weg nach unten und zurück.
Sie schrei'n erbärmlich, ungeseh'n,
Bis jene, die entfernter steh'n,
Erschau'n die bitt're Not der zwei
Und wo ertönt das Hülfsgeschrei.
Nun rauscht es unten stärker auf
Vom Rufen, Hin- und Hergelauf.

Je größer die Gefahr zur Frist
Und schwieriger die Rettung ist,
Schwillt brausender es durch die Reih'n:
Soll wie in einer Narrenstadt,
Die weder Witz noch Sitte hat,
Der Fremdling schmählich untergeh'n
Und seine Sippe klagend schrei'n:
Hätt' dieses Nest er nie geseh'n?

Mit nichten! Denn schon eilt herbei
Die Zahl der edeln Steigerei,
Das Auge kühn und ungetrübt,
In neuen Künsten wohlgeübt,

Bewehrt, gegürtet schlank und schlicht,
Vor jeder Brust ein leuchtend Licht!
Ergraut schon ist ihr Obermann,
Der sechzig Jahre zählen kann,
Ein Herr, ein sogenannter
Und jugendlich gewandter,
Von der Muralti altem Haus;
Vornehm und ruhig sieht er aus.
Ein Leiterbau wird aufgericht't,
Ein schwanker, bis er ebner Schicht
Fast zum verlornen Fenster trägt;
Doch jenem scheint vom Tageslauf
Die wackre Mannschaft aufgeregt,
Drum steigt er wohlbedacht vorauf
Und klimmt zum obersten Geschoß
So rüstig, wie ein Lenzgenoß
Zu Berge steigt im Sonnenschein.
Und mit ihm steiget Glied an Glied
Fritz Waser auf, der Messerschmied,
Der schon sich Brau' und Hand verbrannt,
Als er den Feind im Haus berannt.
Der eine alt, der and're jung,
Thun sie den gleichen schweren Schwung,
Und schwingen mutig sich hinein,
Wo die zwei Wandrer starr wie Stein,
Lautlos in Wolken Rauches steh'n.
Die wissen nicht, wie es gescheh'n,
Daß die Errettung treulich nah;
Wie lieblich tönt den Männern da,
Als Hoffnung schon verloren,
Der Heilsruf in den Ohren!

Ein hanfner Schlauch wird fest gehakt,
Das Wallerpaar frisch eingepackt,
Und hurtig reisen sie zu Thal.

Ein Freudenschall die Luft durchzieht,
Da man im schwebenden Kanal
Das Eingeschob'ne fahren sieht,
Und fröhliches Gelächter schwellt
Des Volkes Brust; behutsam stellt
Es auf die Beine rund und heil
Die zitternden Gestalten.
Ein Ritter erst und dann ein Graf
Vom kaiserlichen Land Tirol
Entstiegen so dem dunklen Hohl,
Um zu entgeh'n dem Todesschlaf,
Und des Geschickes Walten
Jetzt fromm zu loben, ist ihr Teil.
Und wie sie sprachlos aufwärts schau'n,
Betrachten sie mit Lust und Grau'n,
Der sie entfloh'n, die Höllenglut,
Und denken mit befreitem Mut
An Weib und Kind und Heimatland;
Auch preisen sie nun mit Verstand
Die Zucht und Ordnung dieser Stadt
Und werden nicht des Preisens satt.
Die guten Bürger hören gern
So weises Wort der fremden Herr'n,
Und hätten fast indessen
Das Löschen drob vergessen.

Doch nun geschieht der letzte Kampf;
Erstickend stirbt im Wasserdampf
Und zischend wie ein böser Drach'
Das rote Feuer allgemach,
Bis friedlich herrscht die Ruh' der Nacht
Und mit der Sorge ganz allein
Bei leiser Sterne Zitterschein
Weit über Stadt und Türmen wacht.

Befriedigt ruh'n die Männer aus
Beim Labetrunk in manchem Haus,
Durchnäßt, ermüdet und berußt;
Das war das End' der Bürgerlust.
Wie viele Jahre sind dahin!
Mir liegt der bunte Tag im Sinn
Wie an der Jugend fernem Saum
Ein halb vergeff'ner Junitraum.

Der Meister Heinrich lobesan,
Der immerfrohe Bäckersmann
Mit seiner Mütz' und der Muralt:
Sie sind schon längst dahin gewallt,
Von wannen keiner wiederkehrt
Und keine Botschaft man erfährt.
Nur Waser glüht den Stahl noch hart,
Und stahlgrau ist sein langer Bart!

Die Johannisnacht.

Festspiel
bei der Becherweihe der zürcherischen Zunftgesellschaft
zur Schmieden.
1876.

Ein bewaffneter Schmied von 1278
tritt auf:

Johannisfeuer glimmt und flimmert
Von allen Höhen durch die Nacht,
Hat in mein Kämmerlein geschimmert,
Daß ich aus tiefem Schlaf erwacht
Und aus der Fremde hergefahren,
Wo ich seit sechsmal hundert Jahren
Auf weitem Marchfeld, fern bei Wien,
Ein toter Mann, begraben bin. —

Die alte Wasserstadt zu seh'n,
In ihren Straßen umzugeh'n,
Hat's mich wie Sturmwind hergetrieben,
Zu seh'n, ob Stein auf Stein geblieben
Und ob die tapfern Gutgesellen,
Was rinnet, rüstig noch verschwellen!

Nun find' ich schwierig Pfad und Steg,
Hier war das Thor, nun ist es weg!
Doch steht ein Haus mit heller Stuben,
Drin summt und singt's wie munt're Buben —
Ich glaub', da thut noch jemand spuken,
Wer kommt da? Will sich einer mucken?

Ein Schwertfeger von 1351, ebenfalls bewaffnet,
tritt auf:

Nur still! Wir sind von gleicher Art,
Wir tragen Staub in Haar und Bart,
Und blutig klaffen uns die Wunden! —
Wo haft du deine Ruh' gefunden?

Schmied:

Mit König Rudolf zog ich aus,
Den wilden Ottokar zu schlagen,
Und half das Oſtreich ihm erjagen;
Faſt war vorbei der Heidengraus,
Der Sieg kam an, doch blutig rot,
Wir hundert Zürcher meiſtens tot.

Da naht der kluge Habsburgmann,
Es ſchien ſein ſchweres Roß zu hinken,
Er merkte das und thät mir winken:
„Biſt du nicht Hansli Gugliguck,
„Der Schmied, und deine Schmidtenbruck
„Am Rain, wo man zum Hofe geht,
„Der an der Aa zu Zürich ſteht?“

„Ja, dort mir Weib und Eſſe ziſcht!“
Sagt' ich, von Rudolfs Wort erfriſcht.
Er lacht' und rief: „So ſchau' mal nach,
„Ob ſich mein Gaul den Huf zerſtach!“
Und wie ich nun den Huf will heben,
War ausgeblaſen auch mein Leben,
Es ſandten flieh'nd ein paar Böhmaken
Zween lange Pfeil' mir durch den Nacken.
Doch wo haft du das End' erſtritten?

Schwertfeger:

Bin nicht ſo weit wie du geritten!
Wo Cyriaci Kirchlein war,
Lieg' ich ſchon fünfmal hundert Jahr!

Das Oeftreich, das du halfſt erringen,
Wollt' nachmals uns zu Boden zwingen!
Wir machten eig'nes Regiment,
Da nahm die Freundſchaft nun ein End'!
Wir gingen in den jungen Bund,
Was ihnen nicht, doch uns geſund!
Drum zupften jetzt die Rudolfsenkel
Voll Bosheit uns am Fahnenſchwenkel;
Wir aber ſchlugen unverloren
Den Herr'n die Stangen um die Ohren!

Schmied:

Wer war nun euer Feldhauptmann?

Schwertfeger:

Das war Herr Brun, der Anſchicksmann,
Der uns das Bürgertum gewann,
Ein gar gerieb'ner ſchlauer Vetter,
Aufdringlich, ſtät, wie Regenwetter!
Wir wußten nicht zu jenen Stunden,
Ob er, ob wir das Ding erfunden;
Man wird nicht klug bei ſolchen Spielen:
Iſt es der eine? Sind's die vielen?

Schmied:

Verſteh' nicht jenes und nicht dies!

Schwertfeger:

Verſtehſt nichts in Politicis?

Schmied:

Doch war der Hauptmann gut im Feld?

Schwertfeger:

Ei nun — dort war er juſt kein Held!
Als in dem Thale von Tätwyl
Der Feind rings auf uns niederfiel,
Da hat er ſich davon gemacht
Und ließ uns ſteh'n in ſchlimmer Nacht;

Als er schon ziemlich weit geschlichen,
Da merkt' man erst, daß er entwichen.
Mir raunt' der Nachbar in die Ohren:
Herr Brun ist fort, wir sind verloren!
Ich sagte: „Laß den Schelmen laufen,
Man braucht ihn, darf ihn nicht verkaufen!
In jeder gut besorgten Stadt
Braucht's einen, der kein Ehr' nicht hat,
Nicht Ekel kennt und nicht Gewissen
Und immer schafft und ist beflissen,
Zu wirken, daß er nötig bleibt!
Nur muß man eben nicht urgieren,
Daß er sein Leben soll riskieren!
So wird er alt und wohlbeleibt!
Die Nachwelt wird sich dran ergetzen
Und solchem Kerl ein Denkmal setzen,
Indes ein braver fauler Hund
Zunichte wird und geht zu Grund!"

Indem ich so die Zunge wetzte
Und mich am bösen Leumund letzte,
So brach herein die bitt're Not;
Da ging es an ein Stechen, Hauen,
In dunkler Herbstnacht konnt' ich schauen
Den, der mich packt', den blassen Tod!

Je dennoch ward der Sieg erstritten
Durch Rüegg Manesses kluge Sitten,
Der still im zweiten Range stand
Und in der Not die Rettung fand.
Er brachte treu mit reicher Beute
Heimwärts uns vierzig tote Leute;
Ganz steif wie ein gefrorner Hecht
Lag ich querüber schlecht und recht!

Doch horch! Was lärmt und klirrt da vorn?

Ein geharnischter Kupferschmied von 1445
schleppt einen andern Gewaffneten mit sich:

So komm' nur mit, bei Gottes Zorn!
Hier ist das Haus zum goldnen Horn,
Da wollen wir jetzt Einkehr halten
Und nächtlich in der Stuben walten!
Mich wundert, ob ein Tröpflein Weins
Uns nicht das kalte Herz kann wärmen
Und vor der Kraft des goldnen Scheins
Ein Weilchen flieht des Grabes Härmen!
Heut war Johanns des Täufers Tag,
Da man der Zunft- und Ratswahl pflag —
Ein paar Gesellen steh'n noch hier —
Doch weh! Die sind so kühl wie wir!

Schmied:

Doch nicht so naß! Woher die Fahrt?
Ihr tragt ja Sand und Tang im Bart,
Und Wasser aus dem Harnisch läuft;
Hat man euch eurer Zeit ersäuft?

Kupferschmied:

Im tiefen See, da liegen wir
Wohl jetzo der Jahrhundert vier!
Der Kupferschmied Götz aus der Auw
Bin ich, und der zu Wollerau
Der Beck vom Hof, der blieb geduldig
Mir einst ein' kupfern' Bratpfann schuldig!
Als nun der lange Krieg*) gekommen
Und sie die Höfe uns genommen,
Da lief er mit den Eidgenossen,
An uns die Hörner abzustoßen.
Und wo ein Schutt und Rauch entstand,
Da war der Beck gewiß zur Hand!

---

*) Aller Eidgenossen gegen Zürich wegen des toggenburgischen Erbes.

Und beim Scharmutzen thät er prahlen,
Ob er die Pfanne mir soll zahlen?

(Er schüttelt ihn.)

Doch wie sich alles endlich wend't,
Der Krieg naht' mälig auch dem End';
Ein schöner Herbst war just im Land,
Die Rebe voll von Trauben stand,
Die wollten sich die Ländler kaufen
Noch ohne Geld, in hellen Haufen
Sind in die Reben sie gestiegen
Am Erlenbach zum Herbstvergnügen.
Ein dicker Nebel hüllt verschwiegen
Die reisige Schar der Winzer ein —
Doch uns zugleich am Waldesrain,
Wo wir der Sach' gewärtig standen
Und alle Riemen fester banden.

Wie nun die lecker'n Eidgenossen
Die Trauben schnitten samt den Schossen
Mit Schneidezeug von allen Arten,
Mit Dolchen, Schwertern und Halmbarten,
Im grauen Nebel fröhlich haus'ten
Und manchen Weinberg arg zerzaus'ten,
Auch sangen grobe Winzerlieder:
Da fielen wir mit Macht hernieder
Und zahlten ihnen Winzerlohn!
Da ward ein frischer Trank geboten,
Es floß der Most, und zwar vom roten,
Und wer noch konnte, ist entfloh'n
Ans Ufer abwärts zu den Schiffen.
Natürlich war mein Beck dabei!
Vor sich die alte Bickelhauben
Ganz angefüllt mit blauen Trauben,
Sprang hoch er, wie ein Böcklein frei!
Ich hätt' den Schelmen fast ergriffen,

Da konnt' er in ein Schiff sich schwingen,
Ich auf dem Fuß mit tollem Springen
Ihm nach ins Fahrzeug — und allein
Muß ich mit zwanzig Spießen sein,
Die eilig jetzt vom Lande stoßen,
Doch, als der sich're See gewonnen,
Mich rings umstarren voll Erboßen
Und scharf zu kitzeln mich begonnen.
Da dacht' ich mir: was hilft das Zagen?
Ich packte meinen Beck am Kragen
Und sprang bordüber in die Flut,
Wo er mit mir am Grunde ruht.
Dort halt' ich fest den wackern Mann,
Bis er die Pfanne zahlen kann;
Wenn er etwan entrinnen will,
Kriegt er 'nen Puff, dann liegt er still,
Und treibt das Heimweh mich, zu geisten,
So thut er mir Gesellschaft leisten.

Schwertfeger:

Wir müssen All' die Sehnsucht tragen,
Des Lebens Schatten nachzujagen! —
Mich dünkt, es wallt noch einer her,
Ich hörte seufzen tief und schwer!

Schmied:

Ein Grauer kommt heran geschritten
In reichen Waffen, ernst von Sitten.

Ein Stückgießer von 1515
tritt auf:

So viel' ich Euer hier gewahre,
Tragt ihr der Jugend Braun im Haare,
Und keiner ist, der so betagt
Wie ich dem Streite nachgejagt.

Ich war bei Granse, Murten, Nanzig,
Und sah nie meine Werkstatt wieder,
Strich durch die Lande auf und nieder
Wohl in die Jahre zehn und zwanzig;
Im Schwabenkriege tummelt' ich,
Am Rheine und im Thurgau mich;
Ich machte manchen still und bleich
Und manche Burg dem Boden gleich.
Dann ging es lange Jahre wieder
Jenseit des großen Berges nieder;
Ich hauste in der Lamparten
Mit Uebelthat und Kriegsgeschrei;
Ich stellte mich den Fürsten gleich
Und spielt' mit ihnen Reich um Reich,
War nur dem eitlen Ruhme hold
Und dürstete nach schlechtem Gold,
Bis ich im Feld zu Marignan
Der heißen Arbeit Lohn gewann:
Den Mund voll Gras und das Erkennen,
Daß wir nach Dunst und Wolken rennen!

Als dort ich sieglos niedersank,
War mir vom übernächt'gen Morden
Der graue Kopf ganz weiß geworden,
Es brach das Herz, von innen krank!
Jetzt ruh' ich längst von Streit und Fechten;
Doch eil' ich gern in stillen Nächten,
Wenn lind der Hauch von Süden weht,
Zur alten Heimat — doch zu spät!
Das Vaterhaus ist längst verschwunden,
Doch scheint, die Zunft steht noch zu diesen Stunden.

Kupferschmied:

Wir schwirren um das helle Licht
Wie graues Nachtgevögel dicht,

Das keinen Einlaß finden kann. —
Da flattert noch ein Schattenmann!

Ein Schloffer in Offizierstracht von 1649
tritt auf:

Manch' zierlich Gitter konnt' ich schmieden,
Doch fand dabei ich nicht den Frieden
Und bin als Kriegsmann hingefahren,
Wo man gelockt der Söldner Scharen.
Hab' beim Savoyer Wacht gestanden
Und patroulliert in span'schen Landen,
Im weiten Hof der Tuilerie'n
Mein nächtlich Wer da laut geschrie'n.
Bin zu den Schweden dann gelaufen
Und thät mit den Panduren raufen;
Zuletzt stand in Dalmatia
Ich als ein Leutnant trotzig da,
Der für Venedigs Republik
Um gutes Gold wagt sein Geschick.
Die Türken galt es zu verjagen,
Ich ward von vieren dort erschlagen,
Als ich allein hinausgegangen,
Ein wildes Hühnlein mir zu fangen.
Da lernt' ich, heißen Brei zu essen,
Die Quadratur des Zirkels messen!
Zwei hab' ich überecks erstochen,
Zwei sind im Ring herumgekrochen
Und ließen ihre Sichelklingen
Mir schmählich durch die Sehnen bringen.
Sie warfen mich vom Felsen munter
Hoch in des Meeres Schaum hinunter;
Das Hühnlein, das davon geflattert,
Ward von den Türken drauf ergattert.
Ich aber dacht' im Untergeh'n:
Thätst du daheim am Schraubstock steh'n!

Ein Chirurgus von 1757*)
mit langem Zopf und Degen:

Hier ist das Haus zum Schwarzen Garten,
Ich klopf' und schell', doch kann ich warten,
Verschlossen ist's und dunkel drin!
Wo sind denn die Gesellen hin,
Die hier beim Becher fröhlich saßen
Und des Examens Angst vergaßen?
Vom Pflasterstreichen, Laborieren
Erholten sich mit Commerzieren?
He! Holla! — Wie bin ich genarrt!
Nur Stützis Fähnlein dorten knarrt,
Der steht noch auf dem Brunnenstein —
Doch was dort sprudelt, ist kein Wein!

Die Schuster auch sind weggezogen,
Die nachbarlich der Zunft gepflogen;
Und weiland hier der Müller Stube
Ist finster, wie des Todes Grube;
Am Haus zwar noch das Wappen steht:
Ein Mühlerad, das nicht mehr geht!

Was hat mich nun hieher getrieben?
Wär' ich in meinem Sandloch blieben,
Wo eine dürre Kiefer steht,
Durch die der Nachtwind pfeifend weht!

Doch halt, verlier' die Hoffnung nicht!
Dort bei den Schmieden ist noch Licht:
Drum! Heut ja ist Johannistag,
Dort sind die Aerzte beim Gelag!
Doch, glaub' ich, ist vorbei der Schmaus,
Da steht schon mancher vor dem Haus.

(Tritt näher.)

---

*) Die Aerzte waren, als die Zünfte politische Bedeutung hatten,
behufs Ausübung ihrer Rechte den Schmieden zugeteilt; sonst hatten
sie ihre Stube im „Schwarzen Garten".

Oho! die sind so dünn wie Luft!
Ich glaub', es ist ein Nebelduft,
Und an den schimmlig alten Trachten
Merkt man wo diese übernachten!

Schwertfeger:

He du, mit deinem Stiel im Nacken!
Willst du uns an der Ehre packen?

Chirurgus:

Geduld, ihr Herrn! Und habt Vernunft!
Ich bin mit euch von gleicher Zunft,
Bin tot, wie ihr! Macht keine Faxen,
Denn hiefür ist kein Kraut gewachsen!

Stückgießer:

Wo wardst der Schule du entlassen?

Kupferschmied:

Liegst du im Trocknen oder Nassen?

Schlosser:

Dein Leib ist lang und steif und grad,
Du warst wie wir wohl ein Soldat?

Chirurgus:

Ein Feldscher seiner Majestät
Des alten Fritzen vor euch steht! —
Mit rotem Mantel, wenig Geld
Ritt als Student ich in die Welt
Und dacht' in Halle zu capieren,
Was mir noch fehlt zum Praktizieren;
Verkauft' den Klepper und hub an,
Hab' leider bald mein Geld verthan!
Die Werbetrommel hört' ich rühren
Und trat zu Friedrichs Grenadieren
Und zog mit ihnen Tag und Nacht,
Von Feld zu Feld, von Schlacht zu Schlacht.

Hab' mit dem König auch gesprochen,
Einst hat er frisch mich angestochen
Und sagte näselnd: Herr Chirürge,
Ist er der Schweizer nicht von Zürch,
Wo sie die Schriften thun petschieren
Mit drei geköpften Personagen,
Die auf den Händen die Visagen
Wie drei Pasteten präsentieren?

Ich sagte: „Sire! so Gott es will,
Bleibt das noch lange das Sigill
Von uns'rer alten Repüblique,
Versteh'n nicht Spaß in diesem Stücke!
Was schon ein halb Jahrtausend alt,
Erhält erst feste Leibsgestalt,
Mit eines Eichbaums Prospertät
Grad in des Lebens Mitte steht!"

Da setzt' den Schimmel er in Trab
Und hopst die Lagergaß hinab.

Indessen folgt' ich seinem Stern,
Der einsam glänzte nah und fern.
Er funkelt' in der Nacht von Prag
Wie eine Sonne hell am Tag;
Ich sah ihn bei Collin erbleichen,
Dort mußten wir blutrünstig weichen,
Darauf bei Roßbach zwinkt er wieder
Gar lustig durch die Wolken nieder.
Jedoch im großen Sieg bei Leuthen
Schoß ein Kroat mich von der Seiten,
Als ich, den Degen in der Faust,
Mein Amt vergessend, drein gebraust.
Dort blieb ich in den letzten Zügen
Auf einer Föhrenhalde liegen.

Ein alter Studenknecht oder Zunftwirt
(ruft aus dem Fenster):

S'ist Mitternacht, das Haus ist leer,
Ihr lust'gen Gäste kommt nun her!

Schwertfeger:

Auf, wie die Windsbraut fahren wir
Hinein durch die bekannte Thür!
(Sie sitzen am Tisch.)

Chirurgus (zum Wirt):

Nun sprich, der du im Hause weilst,
Trepp' auf und nieder schlurfend eilst,
Als ob du noch die Kannen trügest,
Und so dich selbst lebendig lügest:
Wie geht's der Stadt und dieser Zunft?
Blüht noch die alte Ueberkunft
Von Macht und Wohlfahrt, Rat und That,
Von Ehr' und Arbeit früh und spat?

Stückgießer:

Wie steht's um Herrschaft und Vogtei,
Gericht und Rat und Klerisei?
Ist uns're Zunft mit Ruhm dabei?

Der Wirt:

Vogtei und Grafschaft sind dahin,
Im Rate sitzt das Volksgesind
Und im Gericht des Bauern Kind,
Der Pfaffheit Stern ist im Verglüh'n.

Schmied:

Was ist vergangen und entstanden,
Seit ich gelebt in diesen Landen!

Schlosser:

Wie nahm ein löblich Regiment
Gemeiner Stadt so schnödes End?

Wirt:

Wie wir den Rittern einst gethan,
So fing's mit uns der Bauer an!

Kupferschmied:

Jedoch das alte Banner weht
Voran noch, wenn's zum Streite geht?

Wirt:

Es flattert noch bei Lenzgelagen,
Im Feld wird nur das Kreuz getragen,
Das herrscht allmächtig unter Gleichen,
So weit des Bundes Grenzen reichen!

Kupferschmied:

Wenn sie es denn soweit getrieben,
Was ist Besond'res überblieben?

Wirt:

Nur Freundschaft und Erinnerung,
Der Becher hier und dieser Saal;
Da sitzen sie beim Brudermahl
Und dünken sich von neuem jung.
Sie trinken Kraft vom goldnen Rande
Und stehen treu zum freien Lande.
(Stellt den Pokal auf den Tisch.)

Alle:

Seht, welch' ein herrlich Trinkgeschirr!
Es hüpft das Herz vor Freuden mir!

Chirurgus:

Seit wann besteht dies Prachtgerät?

Wirt:

Sie haben es ganz frisch gegründet,
Damit sich neue Glut entzündet
An seinem Glanz und Dignität.

Geheimnisvoll umschließt das Gold,
Was in der Freude ehrenhold
Vergangenes und Künft'ges bindet.

Stückgießer:

Doch sagt: wer ist der reisige Mann,
Der auf des Deckels Kuppel ragt,
Mit Schwert und Banner unverzagt
Bewacht der Schale runden Bann?

Wirt:

Das ist ein hehrer Zunftgenoß,
Deß Blut bei Kappel heldisch floß,
Der Bannerherr in Rüstung blank,
Der bei der Fahne sterbend sank
Und wie er stieg zur Nacht hinab,
Sie treu dem zweiten Retter gab.

Bannerherr Schweizer*)
(in gleicher Gestalt wie auf dem Becher)
tritt herein:

Ich hörte traute Rede geh'n,
Die mich geweckt wie Frühlingsweh'n!
Seid mir gegrüßt, ihr Herr'n zur Schmieden,
Und sei mit euch des Geistes Frieden!
(Es erheben sich alle.)

Wirt:

Durch dich wird unf're Schattenwelt
Mit einem lichten Schein erhellt;
Denn vornehm ist und höh'rer Art,
Was damals euch zum Kampf geschart!

Bannerherr:

Im bittersten und schwersten Streit
Für des Gewissens Einigkeit,

---

*) Zunftmeister zu Schmieden, fiel in der Reformationsschlacht
bei Kappel 1531.

Unangeseh'n den Feind, zu fallen,
Das ist das höchste Los von allen;
Da wallt das Herz in lichter Ruh'
Der Freiheit ew'ger Heimat zu!

Wirt:

Wie dankbar dich die Enkel ehren,
Mag dich die Becherzierde lehren!

Bannerherr:

Fürwahr das kleine Denkmal hier
Bedünkt mich größ're Ehrenzier,
Als ständ' ich hoch in Erz gegossen,
Von Lärm und Staub des Markts umflossen.
Ich steh' an meinem kleinen Ort
Als Wächter bei der Freundschaft Hort!

(Er hebt den Deckel ab.)

Laßt seh'n, ob diese edle Flut
Noch wärmt das leichte Geisterblut!
Ich trink's euch zu — mich dünkt, die Glieder
Durchströmt ein Hauch des Lebens wieder!
Trink', Schmied! und gieb den Becher weiter!

Schmied (thut es):

Mir glänzen Jugendsterne heiter
Aus goldnem Abgrund dieser Schale!

Schwertfeger (ebenso):

Mir ist, ich geh' im grünen Thale,
Als würde mich ein Liebchen küssen!

Kupferschmied (ebenso):

Ich bade in kryftallnen Flüffen!
(Er hält den Becher dem Beck an den Mund, welcher trinkt.)
Trink, Bruder, hier giebt's Rebenlauben!

Beck von Wolteran:

O süßer Saft der Lebenstrauben!
Ich atme Luft von Bergesau'n!
(Der Kupferschmied läßt den Becher weiter gehen.)

Stückgießer (trinkt):

Dem Siege darf ich wieder tran'n,
Es schlägt mein Herz in alter Stärke!

Schlosser (ebenso):

Ich spüre Kraft zu jedem Werke,
Das ich in Tagen einst versäumt!

Chirurgus (ebenso):

Ein Traum, der schon einmal geträumt,
Lockt mich mit längst entschlaf'nen Wonnen!

Wirt (nachdem er getrunken):

So schließ' ich nun den Zauberbronnen,
Schon nahet leis der junge Tag;
Bald tönt im Korn der Wachtel Schlag!

(Deckt den Becher zu.)

Alle singen:

Fahr' wohl du schöne Sommernacht,
Dein heit'rer Glanz ist still verglommen!
Steig' auf, verjüngte Morgenpracht
Für unser Volk, das nach uns kommen!
Wir zieh'n dahin nach Geisterbrauch
Und lösen uns in Luft und Hauch.

(Während des Gesanges, der mit gemäßigten Stimmen begonnen und
bis zum Schluß immer leiser wird, nimmt auch die Beleuchtung ab,
in welcher die vortragende Gruppe steht, so daß diese mit dem Verhallen des Gesanges zugleich im Dunkel verschwindet.)

Cantate

bei

Eröffnung einer schweizerischen Landesausstellung in
Zürich 1883.

———

Die Schifflein ruh'n, und schimmernd ausgebreitet
Erfreut das Auge der Gewebe Schwall;
Der Hammer schweigt, doch mit dem Lichte streitet
In tausend Formen das Metall.
Aus tausend Stoffen hat Gestalt gewonnen,
Was Not und Lust der Welt ersonnen;
Mit heil'gem Ernst, mit heiter'm Tand
Umdrängt uns das Gebild der Hand.

Es will sich zeigen Wehr und Lehre,
Und er, der mit der Scholle ringt,
Der Mann im Kampf um Brot und Ehre
Des Feldes Frucht zum Feste bringt.

Alle Kräfte, die da schliefen,
Jeden Fleiß, der schaffend wacht
Auf den Höhen, in den Tiefen,
Sehen wir zu Tag gebracht.

Und ein ganzes Volk will tagen,
Kind und Jüngling, Mann und Frau
Bringen hoffend hergetragen
Ihrer Hände Werk zur Schau.

Große Städte, Nationen
Eifern lang schon im Verein;
Aber wo wir Kleinen wohnen,
Darf die Müh' nicht kleiner sein!

Gleich stürmender Wolken geschlossenen Scharen,
So reih'n sich die Völker und drängen voran;
Da gilt es zu steh'n und sich regend zu wahren,
Wer rastet, geht unter im Staube der Bahn!
In stäter Bewegung ernährt sich die Kraft,
Die Ruh' liegt im Herzen dem Manne, der schafft!

Arbeit ist das wärmste Hemde,
Frischer Quell im Wüstensand,
Stab und Zelt in weiter Fremde
Und das beste Vaterland!

Vaterland! ja du mußt siegen,
Aller Welt an Ehren gleich:
Laß die Spreu von dannen fliegen,
Nur durch Arbeit wirst du reich!

Cantate

zum

50 jährigen Jubiläum der Hochschule Zürich.

———

Das Urmaß aller Dinge ruht
In Händen nicht, die endlich sind,
Es liegt verwahrt in Schatzgewölben,
Die kein vergänglich Auge schaut.
Wir führen Wage, Stab und Uhr,
Und was wir wägen, schwindet hin;
Darum mit ehrerbiet'ger Scheu
Gebrauchen wir das Maß der Zeit,
Und rufen hoher Jahre Zahl
Mit Weihefesten an.

Ein halbes Jahrhundert
Was ist es, ihr Brüder?
Ein Hauch, wie ein ganzes
Und wie ein Jahrtausend!
Doch wenn es das erste,
Dann winden wir schmeichelnd
Und rühmend den Kranz.

Das eig'ne Erinnern
Umfängt uns die Seele,
Die Jahre der Jugend
Sind lange dahin,
Indessen die neuen
Geschlechter erblühten.

Es ragt uns die Burg mit
Den Aemtern des Wissens,
Wir sah'n noch die Stifter,
Und sah'n die Genossen
Die Halle durchschreiten,
Geschlecht auf Geschlecht.

Wo sind sie geblieben,
Sie all', die gekommen
Und wieder geschieden,
Zu lehren, zu lernen?
Sie ruhen in Gräbern,
Zerstreut auf der Erde,
Und hier in der Heimat.

Doch mancher, er hält no
In schneeigen Locken
An fernen Altären
Der Weisheit die Wacht;
Getreulich geh'n and're,
Als Bürger ergrauend,
Mit uns noch zum Forum.

Kein fürstlicher Reichtum,
Kein Erbe der Väter
Erhält uns die Schule;
Auf schwankem Gesetze,
Sie steht in den Aether
Des täglichen Willens,
Des täglichen Opfers
Des Volkes gebaut!

Doch um so lichter stehet
Und schirmet uns das Haus,
So lang ein Geist nur gehet,
Ein guter, ein und aus.

Reich' immer froh dem Morgen,
O Jugend, deine Hand!
Die Alten mit den Sorgen
Laß auch besteh'n im Land!

Ergründe kühn das Leben,
Vergiß nicht in der Zeit,
Daß mit verborg'nen Stäben
Mißt die Unendlichkeit!

IX.

Pandora.

(Antipanegyrisches.)

Meergedanken.

O wär' mein Herz das tiefe Meer
Und seine Feinde die Schiffe,
Wie schleudert' es sie hin und her
An seines Zornes Riffe!

Und endlich schläng' es unter sie,
Hinunter in die Tiefe,
Daß drüber glänzend spät und früh
Der Meeresfrieden schliefe.

So aber ist's ein Wellchen kaum,
Von tausend Wellen eine;
Doch nagt und wäscht ihr leichter Schaum
Am morschen Schiffsgebeine.

Wir Wellen ziehen treu vereint
Und eine folgt der andern;
Wir haben all' den gleichen Feind,
Nach dem wir späh'n und wandern.

Die Geisternot, der Wirbelwind,
Der peitscht uns, bis wir schäumen,
Bis alle wach geschlagen sind
Aus ihren Wasserträumen.

18*

Und endlich sinkt im Trümmerfall,
Was wir so lang getragen —
Heil uns, wenn wir mit sattem Schwall
Dann oben zusammenschlagen!

Dann ruft's von allen Ufern her,
Als ständ' der Himmel offen:
Das Schiff der Lügner ist im Meer
Mit Mann und Maus ersoffen!

Apostatenmarsch.

Bum! Bum! Bim, bam, bum!
Schnürt den Sack und kehrt links um!
Abgeweidet ist die Matte,
Spute dich, du Wanderratte,
Hungern ist kein Gaudium!
    Dreht die Fahne, dämpft die Trommel:
    Bum! Bum! Bim, bam, bum!

Sind wir nicht ein schöner Zug,
Galgenfroher Rabenflug?
Hinter uns die guten Tröpfe
Steh'n und brechen sich die Köpfe
Ob dem lustigen Betrug.
    Dreht die Fahne, dämpft die Trommel:
    Bum! Bum! Bim, bam, bum!

Hohn und schriller Pfeifenklang
Folgen uns den Weg entlang;
Weiter, weiter in dem Kote,
Weiße süße Gnadenbrote
Lohnen uns den sauren Gang!
    Dreht die Fahne, dämpft die Trommel:
    Bum! Bum! Bim, bam, bum!

Aus dem Busen reißt das Herz,
Werft es fluchend hinterwärts!
Pfaffenküch' und Keller kühle
Spülen weg die Hochgefühle,
Ei, es war nur Bubenscherz!
    Dreht die Fahne, dämpft die Trommel:
    Bum! Bum! Bim, bam, bum!

Nieder mit dem Jungfernkranz!
Ausgelöscht der Ehre Glanz!
Ausgepfiffen jede Wahrheit,
Angeschwärzt der Sonne Klarheit,
In den Staub mit dem Popanz!
    Dreht die Fahne, dämpft die Trommel:
    Bum! Bum! Bim, bam, bum!

Judas starb den dummsten Tod,
Schäme dich, Ischariot!
Magst du zappeln! Unsereiner
Schwimmt mit Würde stets als reiner
Goldfisch durch das Blut so rot!
    Dreht die Fahne, dämpft die Trommel:
    Bum! Bum! Bim, bam, bum!

Auf Maler Distelis Tod.

Sie haben Ruh', die Kutten braun und schwarz,
Die Fledermäuse, Raben, Eulenköpfe,
Spießbürger alle mit und ohne Zöpfe,
Und was da klebt im zähen Pech und Harz!

Er hat sie brangsaliert und ließ sie tanzen,
Die faulen Bäuche, wie die krummen Rücken,
Die dicken Käfer und die dünnen Mücken,
Die Maulwurfsgrillen und die Flöh' und Wanzen!

Schaut her, ihr draußen, denen im Genick
Der Adler und der Geier Fänge lasten,
Schaut dies Gewimmel ohne Ruh' und Rasten,
Den Bodensatz in einer Republik!

Solch einen Sabbat wohlgemut zu schildern,
Braucht es fürwahr ein unerschrocknes Blut!
Nun warf er hin den Stift, nahm Stock und Hut,
Und fluchend steht das Volk vor seinen Bildern.

Schlechte Jahreszeit.

Wo ist der schöne Blumenflor,
Den wir so treu gehegt?
Vom Hoffen und vom Grünen sind
Herz, Garten kahl gefegt!
Und wie in einer Nacht ergraut
Ein unglückselig Haupt,
Hat sich heut Nacht das Vaterland
Geschüttelt und entlaubt!

Der Rhein entführt ins Niederland
Die welke Sommerluft,
Läßt öd' und fahl die Felder uns,
Den Frost in unsrer Brust.
Die Silberfirnen hüllen sich
In dunkle Wolken ein;
Doch bald wird jeder Kehricht nun
Ein blanker Schneeberg sein!

Und alles wird so klein, so nah',
So dumpf und eingezwängt;
Wie drückend ob dem Scheitel uns
Der graue Himmel hängt!
Auf jedem Kreuzweg sitzt ein Feind —
Es ist ein harter Stand:
Mit Schurken atmen gleiche Luft
Im engen Vaterland!

Lied vom Schuft.

Ein armer Teufel ist der Schuft,
Er weiß, es kennt ihn jedes Kind
Er wandelt wie ein Träumender,
Wo unverdorbne Menschen sind.

Ein dummer Teufel ist der Schuft,
Weil er doch der Geprellte ist,
Wenn ihn die Welt, die er betrog,
Mit großen, klaren Augen mißt.

Er geht einher im Silberhaar
Und keimt schon in des Knaben Blick,
Er kriecht umher in dunkler Not
Und spiegelt sich in Glas und Glück.

Bald sitzt er auf dem Königsthron
Und heißt von Gottes Gnaden Schuft,
Bald steckt er und vermodert er
In eines Bettlers Hundegruft.

Doch immer müht und plagt er sich
Und thut, als wär' er sehr gescheit;
Wenn man an ihm vorübergeht,
So pfeift er aus Verlegenheit.

Laßt pfeifen sie und nagen nur,
Die Ratten, im dunklen Erdenhaus;
Es tagt dereinst ihr Wandertag,
Dann schweigen sie und sterben aus!

Jesuitenzug.
1843.

Huffah! Huffah! Die Haß geht los!
Es kommt geritten klein und groß,
Das springt und purzelt gar behend,
Das kreischt und zetert ohne End':
    Sie kommen, die Jesuiten!

Da reiten sie auf Schlängelein
Und hinterdrein auf Drach' und Schwein;
Was das für muntre Bursche sind!
Wohl grant im Mutterleib dem Kind:
    Sie kommen, die Jesuiten!

Hu, wie das krabbelt, kneipt und kriecht,
Pfui, wie's so infernalisch riecht!
Jetzt fahre hin, du gute Ruh'!
Geh', Grete, mach das Fenster zu:
    Sie kommen, die Jesuiten!

„Gewissen, Ehr' und Treue nehmt
Dem Mann und macht ihn ausverschämt,
Und seines Weibes Unterrock
Hängt ihm als Fahne an den Stock:
    Wir kommen, die Jesuiten!"

Von Kreuz und Fahne angeführt,
Den Giftsack hinten aufgeschnürt,
Der Fanatismus ist Profoß,
Die Dummheit folgt als Betteltroß:
    Sie kommen, die Jesuiten!

„Wir nisten uns im Niederleib
Wie Maden ein bei Mann und Weib,
Und was ein Schw . . . n erfinden kann,
Das bringen wir an Weib und Mann:
    Wir kommen, die Jesuiten!"

O gutes Land, du schöne Braut,
Du wirst dem Teufel angetraut!
Ja, weine nur, du armes Kind!
Vom Gotthard weht ein schlimmer Wind:
    Sie kommen, die Jesuiten!

Die öffentlichen Verleumder.

Ein Ungeziefer ruht
In Staub und trocknem Schlamme
Verborgen, wie die Flamme
In leichter Asche thut.
Ein Regen, Windeshauch
Erweckt das schlimme Leben,
Und aus dem Nichts erheben
Sich Seuchen, Glut und Rauch.

Aus dunkler Höhle fährt
Ein Schächer, um zu schweifen;
Nach Beuteln möcht' er greifen
Und findet beffern Wert:
Er findet einen Streit
Um nichts, ein irres Wissen,
Ein Banner, das zerrissen,
Ein Volk in Blödigkeit.

Er findet, wo er geht,
Die Leere dürft'ger Zeiten,
Da kann er schamlos schreiten,
Nun wird er ein Prophet;
Auf einen Kehricht stellt
Er seine Schelmenfüße
Und zischelt seine Grüße
In die verblüffte Welt.

Gehüllt in Niedertracht
Gleichwie in einer Wolke,
Ein Lügner vor dem Volke,
Ragt bald er groß an Macht

Mit seiner Helfer Zahl,
Die hoch und niedrig stehend,
Gelegenheit erspähend,
Sich bieten seiner Wahl.

Sie teilen aus sein Wort,
Wie einst die Gottesboten
Gethan mit den fünf Broten,
Das klecket fort und fort!
Erst log allein der Hund,
Nun lügen ihrer tausend;
Und wie ein Sturm erbrausend,
So wuchert jetzt sein Pfund.

Hoch schießt empor die Saat,
Verwandelt sind die Lande,
Die Menge lebt in Schande
Und lacht der Schofelthat!
Jetzt hat sich auch erwahrt,
Was erstlich war erfunden:
Die Guten sind verschwunden,
Die Schlechten stehn geschart!

Wenn einstmals diese Not
Lang wie ein Eis gebrochen,
Dann wird davon gesprochen,
Wie von dem schwarzen Tod;
Und einen Strohmann bau'n
Die Kinder auf der Haide,
Zu brennen Lust aus Leide
Und Licht aus altem Grau'n.

Nacht im Zeughaus.

I.

Bleich beglänzte Wolkenscharen
Draußen durch die Mondnacht fahren,
Ungewisse Lichter fallen
Hier in diese grauen Hallen.

Schwert an Schwert und Lanz' an Lanze
Reihen sich mit düster'm Glanze,
Banner, braun vom Schlachtenwetter,
Rascheln da wie Herbstesblätter.

Licht aus heller Jugendferne,
Seid gegrüßt, ihr Morgensterne
Und auch ihr mit tausend Scharten:
Aexte, Schilde und Halmbarten!

Eisenhüllen, dunkel schimmernd,
Gleich verglühten Sonnen flimmernd
Steht ihr da, des Kerns Beraubte,
Brust an Brust und Haupt an Haupte!

Die euch eh'rne Chrysaliden
Sich zum Kleide mochten schmieden,
Sind die Falter ausgeflogen?
Sagt, wo sind sie hingezogen?

Und in welcher Schöpfungsweite
Steh'n die Helden jetzt im Streite?
Sieht man sie im Feld marschieren
Unter fliegenden Panieren?

In gedrängten Männerhaufen
Stürmend an die Feinde laufen
Und Dämonenheere schlagen,
Ew'ge Freiheit zu erjagen?

Schweigen herrscht — sie ruhn im Frieden;
Thatenfroh sind sie geschieden,
Ließen stolz und reich im Sterben
Land und Freiheit ihren Erben.

————

II.

Doch was will sich hier begeben?
Fängt das Erz nicht an zu leben?
Leise klirrt es auf und nieder,
Und was hohl war, füllt sich wieder!

Aber statt der tapfern Alten
Seh' ich Schlimmes sich gestalten:
Grause Larven, kaum zu glauben,
Grinsen aus den Eisenhauben!

Und es raunt aus allen Ecken
Ein Gelächter mir zum Schrecken;
Wechselnd flirrt es auf den Schilden
Wie von tausend Fratzgebilden.

Sind vom Hause fort die Katzen,
Tanzen auf dem Tisch die Ratzen.
Traurig in dem wärmelosen
Zwielicht flammen Schwerterrosen.

III.

Auf der hölzern' Trommel sitzet,
Wert, daß man die Zung' ihm schlitzet,
Dort ein altes Weib mit Gleißen:
Schwätzerei wird es geheißen!

In der Schürze einen Knäuel
Birgt es von verworrnem Gräuel,
Brandraketen, Schwefelschnüre:
Mißtrau'n, Furcht und Zeugenschwüre.

Das Verdächtigungsgeräte,
Des Gerüchtes Blechtrompete,
Abgenutzt und neu doch täglich,
Schund und Trödelei unsäglich!

Eine Brille auf der Nase,
Eulenhaft, von blindem Glase,
Lauert es und spioniert es,
Keift und schreit und peroriert es.

IV.

Aus der schwarzen Riesenrüstung,
Lehnend an der Fensterbrüstung,
Scheint mir mit verwesungsgrauen
Zügen ein Gespenst zu schauen.

Frecher Hohn glüht aus den Augen,
Die nur Gott zu kränken taugen,
Auf dem Mund ein lächelnd Schweigen,
Wie es der Verläumdung eigen,